O Caminho do Mestre

De inocente a mestre da sedução

O camiño do mestre

John Danen

Published by John Danen, 2023.

While every precaution has been taken in the preparation of this book, the publisher assumes no responsibility for errors or omissions, or for damages resulting from the use of the information contained herein.

O CAMIÑO DO MESTRE

First edition. September 13, 2023.

Copyright © 2023 John Danen.

ISBN: 979-8224262328

Written by John Danen.

Sumário

Introdução.

Chegar ao topo não é nada fácil, na verdade, é extremamente difícil. Você passa por inúmeros problemas e momentos terríveis em que tudo parece negro, tão negro que você até desiste, pensando que não é possível.

Neste livro, vou contar como alcançar o sucesso com base em minha aventura pessoal para chegar aonde cheguei, que, embora não seja um sucesso brutal, considero um sucesso. Não falarei apenas sobre os sucessos, mas também sobre os fracassos, o lado ruim, o aprendizado difícil, porque toda vez que você comete um erro, há um processo de aprendizado e, ao fracassar, você avança e, depois de muita prática, torna-se um mestre.

A grande lição de todo o livro é que você tem de ser um lutador, um homem que leva os golpes, levanta-se e continua. Um homem que tem uma ambição enorme e quase sempre está insatisfeito com seu desempenho, um homem que está disposto a continuar, não importa o que sofra. Um homem que faz isso pode chegar ao fim da estrada.

No livro "Como materializar lo que desejas com o fxxxxxx Power", explico detalhadamente e de forma impessoal as etapas a serem seguidas para alcançar o sucesso. Neste livro, contarei como foi toda a minha jornada, os momentos bons e ruins pelos quais passei. Darei a você as chaves e as habilidades que precisa adquirir, extraindo as lições de cada situação que vivenciei. Espero que ele o inspire a seguir seu próprio caminho e a chegar onde deseja estar, que, espero, seja um lugar muito alto.

A dureza da vida.

É isso mesmo, a vida é terrivelmente crua. Quase ninguém chega a lugar algum decentemente, muitos nem sequer têm um projeto, aqueles que são a grande maioria, não chegam a lugar algum, porque têm uma vida padrão, que é a que lhes foi atribuída pelo sistema. Entre aqueles que têm uma visão clara de onde querem chegar, alguns deles, aqueles que estão determinados a transformar sua vida atual em sua vida ideal, chegam lá.

O tempo passa e, muitas vezes, suas habilidades diminuem, sua força diminui. É claro que você não tem o apoio de ninguém, nem de sua família nem de seus amigos. Ninguém entenderá que você quer ser um grande paquerador, um sedutor. Eles verão isso como errado ou, pelo menos, pensarão: "Esse homem é louco! Então, como ninguém pode entendê-lo ou ajudá-lo? A única pessoa que você tem é você mesmo e é você quem deve seguir e a quem deve agradar.

Quem não tiver uma firme determinação, quem não for capaz de sacrificar grande parte de sua vida por essa causa, quem não conseguir se concentrar nisso, quem não for capaz de uma dedicação imensa, árdua e absorvente, fracassará totalmente.

Os perdedores.

Muitas pessoas se renderam ao sistema sem nem mesmo estar cientes de que não projetaram um modo de vida para si mesmas, que estão vivendo uma vida por padrão, sem aspirar a nada. Se você não tiver um autoconceito bem-sucedido e ambição de alcançar, não conseguirá nada além da mediocridade absoluta em sua vida.

As pessoas morrem sem ter vivido, sem ter alcançado o que queriam, sem ter realizado seu potencial.

Eles são reconhecíveis porque vagueiam, mas não caminham. Eles vagam sem rumo pela vida, de um lado para o outro, sem um plano claro. Em suas cabeças, acham que a vida é um lugar hostil onde a sobrevivência é suficiente, e isso é tudo a que aspiram. A uma vida por padrão, a um emprego comum, a uma namorada comum, a uma economia que lhes dê o suficiente para viver sem muitos luxos. Se eles não passarem por dificuldades, já é o suficiente. O trabalho que eles fazem sempre será para os outros, ou seja, eles trabalharão para os outros, porque não têm a coragem e a visão para iniciar seu próprio negócio.

Ter uma área econômica ruim afetará sua autoestima e prejudicará as outras áreas. Apenas alguns conseguirão seduzir com essa área ruim, os realmente bons.

A sedução é ainda mais difícil do que a área econômica. É por isso que a maioria deles nem sequer tenta.

Mas há alguns que têm o que é preciso, uma dedicação monstruosa, um autoconceito à prova de falhas, uma crença interior de que são atraentes. Aqueles poucos que nascem bonitos e são procurados apenas por isso e, acima de tudo, aqueles que desenvolvem sua atratividade por meio do enorme desejo de seduzir garotas e estão dispostos a sacrificar o que for preciso e a colocar a enorme dedicação necessária, esses poucos mostrarão o caminho para os outros e farão coisas que são impossíveis para todos os outros. Coisas invejadas ao máximo, como estar com muitas garotas bonitas.

Para mim, todos os outros são os perdedores, os que não conseguem, os que, independentemente de quanto dinheiro ganham, não são invejados, porque as mulheres que eles têm não são seduzidas por eles, mas pelo dinheiro deles. Nós, os sedutores, somos os vencedores e todos os outros são os perdedores.

O jeito do mestre.

O caminho do mestre é um caminho incrivelmente difícil. O engraçado sobre esse caminho é que, quando você embarca nele, nem mesmo sabe que está começando, pois seus objetivos geralmente não são se tornar um mestre em sedução, você simplesmente quer melhorar. Esse caminho geralmente é seguido aos 12, 14 ou 16 anos de idade.

Acho que há pessoas que são incapazes de seguir esse caminho, pessoas que o rejeitam intelectualmente, considerando-o algo ruim. Pessoas que não querem se tornar mestres da sedução de forma alguma. Outros começam a trilhar esse caminho sem perceber, porque o que é uma coisa pequena hoje será o ponto de partida para grandes coisas amanhã, portanto, geralmente não se sabe muito bem quando se começa a trilhá-lo.

O que eu sei é o que aconteceu comigo, portanto, posso lhe dizer isso. Também posso dar minha opinião sobre como os outros seguem o caminho.

Acho que o caminho do professor começa em um momento muito remoto, quando você ainda é uma criança e começa a notar e a gostar de meninas. Isso pode acontecer entre os 10 e 12 anos de idade e, por volta dos 13 anos, é imperativo. O caminho do mestre começa em um dia distante no final da infância, quando você não é nem criança nem adolescente, está em algum ponto intermediário. Nesse dia, você começa a desenvolver essa atração por mulheres.

No meu caso, acho que comecei a seguir esse caminho na infância, porque sempre gostei de meninas. Quando menino, havia meninas que eu achava muito bonitas e com as quais eu imaginava situações em que eu era o herói delas, eu as protegia e estava com elas, mesmo sem saber muito bem o que fazer. Na minha imaginação, eu estava perto delas, em contato físico, e elas me admiravam, olhavam muito para mim e eu me sentia amado. É assim que começa o caminho do professor. Na imaginação de um menino que se sente atraído por meninas e quer gostar delas.

Então, praticamente todo mundo começou essa jornada, porque tenho certeza de que isso é algo que muitas, muitas pessoas imaginaram e sentiram. Praticamente todo mundo começou na estrada, mas quase nenhum deles a percorreu completamente.

Outros começam a trilhar esse caminho mais tarde, mas como não sei como está a cabeça de cada um, vou lhe contar o que experimentei.

Infância.

Como disse antes, eu gostava de meninas desde muito cedo, e parece que eu tinha um certo magnetismo e elas também gostavam de mim, pelo menos um pouco. Lembro-me de que, quando tinha quatro ou cinco anos de idade, minha mãe costumava me levar para comer no terraço. Do outro lado da rua, na varanda próxima, moravam duas meninas chamadas Marián e Beatriz, e quando eu saía para comer, elas me viam e pediam à mãe para sair também. Eu conversava com elas, ria e me divertia, e graças a isso essas meninas também comiam olhando para mim. A avó delas disse que sempre que eu saía para comer no terraço, as meninas ficavam entretidas e comiam.

Também é verdade que eu era bastante engraçado e espirituoso, amigável e falante, sabia como fazer as pessoas rirem, imitava as pessoas e coisas do gênero, o que me tornou bastante popular. Mas isso foi quando eu era mais velho, não no terraço.

Quando eu tinha cerca de seis anos de idade, esses amigos disseram à garota de quem eu gostava que eu gostava dela, isso me fez sentir péssimo e eu chorava porque elas me fizeram sentir muito envergonhado ao dizer isso a ela. Além disso, havia oito ou dez meninas dizendo isso na frente dela, então talvez eu tenha ficado um pouco traumatizado, mas também não acho que tenha sido algo muito sério.

A próxima coisa importante ao lidar com garotas foi quando eu tinha cerca de 9 anos de idade, quando meus amigos me levaram para perseguir uma garota e a chamaram de bonita, eu não gostei, mas fiz isso para acompanhá-los. Era uma garota mais velha, de uns 12 anos, muito mais velha do que nós. As narinas da menina se dilataram e ela se virou para nós e me agarrou, que era o mais inocente, e, para minha surpresa, ela me deu um tapa tão forte que eu fiquei inconsciente. Isso realmente foi um trauma, porque esqueci o fato por muitos anos e me lembrei dele um dia, quando tinha 31 anos. Talvez tenha sido isso que me incomodou um pouco contra elas. E assim, sem saber, a base para ser um menino mau foi colocada dentro de mim, porque isso foi esquecido lá, mas afetou o interior. Acho que, no início, fiquei com medo delas e depois isso se transformou em desprezo. Acho que tudo o que acontece é por uma razão, Deus queria que eu tivesse esse ressentimento dentro de mim sem saber, o que pouco a pouco se manifestou em um comportamento arrogante de cafetão que me deu tantas vitórias.

Aos 31 anos, todo o trauma deve ter vindo à tona e as coisas já estavam equilibradas em termos de mau comportamento de cada lado, pelo que pude me lembrar.

E assim, fazendo mais mal do que bem, eu os recompensei pelo mal causado.

Quando eu tinha 12 anos, havia uma garota de quem eu gostava, sempre havia alguém de quem eu gostava e, é claro, eu nem ousava falar com ela, eu era tímido e inseguro por causa desse trauma e não conseguia fazer nada de especial, eu era um tolo. Eu estava prestes a beijar uma garota na boca quando tinha 12 anos de idade, apenas pedindo a ela. Ela disse que sim, mas quando ela ficou na minha frente, eu não sabia o que fazer, fiquei com medo e não fiz nada.

Então, aos treze anos, depois de me arrepender durante todo o ano da inutilidade do ano anterior, voltei à carga e tentei o mesmo beijo novamente, e dessa vez eu o dei a ela, e o gosto era de glória. Foi meu primeiro beijo de língua e isso me transformou e me fez sentir mais vencedor. Estávamos no verão de 1983.

Qualidades adquiridas:

- Desejo de se redimir de seus erros passados. Esse é simplesmente um desejo de melhorar.

- Atreva-se a interagir.
- Tenha a coragem de perguntar.

Tudo começa com um desejo, com algo com que você não está satisfeito e que deseja melhorar, e é aí que começa o caminho do mestre. Desse desejo, dessa insatisfação, surge a ação, uma ação mal feita, mas ainda assim uma ação. Aqueles que não sabem como criar atração simplesmente vão atrás delas por estarem abaixo delas, e sua única maneira de fazer algo é pedir.

Isso é o mais básico e simples e é frequentemente esquecido. Aquele que pede está acessando diretamente o fechamento. Muitas vezes nos esquecemos da coisa mais básica: pedir. Se você não conseguir o que quer de uma forma mais sofisticada, peça. Seja o bebê que chora e recebe a teta. Peça e, às vezes, ela será dada a você. Se você não tentar e não pedir, estará em uma situação ruim.

Tudo deveria ser feito. Pelo menos, com essas qualidades, você está progredindo ao se superar. Isso é melhor do que não fazer nada.

- Deseja melhorar.
- Você interage
- Peça e lhe será dado

Com esse beijo, minha infância terminou e minha adolescência começou.

Adolescência, início.

Graças a esse aprendizado, eu tinha as armas mais básicas para continuar aumentando. Assim, um dia, em meu resort de verão no ano seguinte, 1984, eu disse a outra garota que queria beijá-la e ela disse que sim, e eu fiz isso com ela. Mas com armas tão pouco sofisticadas, havia pouco que eu pudesse fazer, e me faltava outra qualidade importante, que era a ousadia para usá-las.

No ano seguinte, 1985, não tive essa coragem e, apesar de conhecer inúmeras garotas, não tive coragem de dizer isso a nenhuma delas. Muito pouco foi feito nesse período de aprendizado.

A próxima atualização era para usar suas armas e eu não as usei.

Esse foi um período difícil, difícil, não, muito difícil. Ao imenso desejo de beijar garotas e fazer coisas com elas, somava-se uma tremenda necessidade sexual, que fazia com que você ficasse à mercê delas, pensava muito nelas, era carente e dependente ao máximo, era sexualmente super frustrado e não sabia nada de nada. Foi uma época difícil, mas como você não sabia de mais nada, parecia bom para você, porque tinha a ilusão de seguir em frente e aproveitava cada interação.

Pouco a pouco, as pessoas foram acordando e você viu como uma pessoa fazia algo com uma, outra com outra, outra com várias. Você praticava e interagia à vontade, mas aprendia pouco, porque não entendia nada do que estava acontecendo.

Eu era simpático e engraçado, tentava fazê-las rir e achava que elas poderiam gostar de mim, tanto que acabei me tornando o animador do povo, o homem legal que elas procuram para ficar à vontade, mas devido à minha absoluta falta de malícia, ingenuidade, inocência e timidez, não conseguia atrair nenhuma delas. Se alguma era atraída, não a considerava digna de minha atenção, então perseguia algumas que me rejeitavam e rejeitava as que gostavam de mim.

Aos 15 ou 16 anos, percebi esse erro e decidi não agradá-las demais como fazia antes, sendo um garoto divertido e alegre, o que é muito bom, mas não o suficiente para agradá-las, não tendo a malícia do bad boy, aquele que as faz sofrer com suas maldades e travessuras. Percebi isso e o apliquei muito bem, mas não foi o suficiente. Eu era mole, gostava demais delas e, assim, vendo-as como maravilhas, pouco conseguia fazer.

Nesses anos de 15 e 16 anos, aprendi a não agradar demais, a me tornar mais interessante e mais forte. Isso foi difícil de aprender, mas aprendi.

Outra coisa que aprendi foi a me considerar uma grande gostosa, para me sentir superior a elas às vezes, e isso funcionou, mas só apliquei isso àquelas de quem não gostava.

Esse tempo não foi desperdiçado, foi parte do processo de aprendizado. Foi assim que chegamos ao final dos 15 anos com alguns aprimoramentos importantes.

Os ensinamentos desses anos que você precisa inserir em sua psique são:

- Não agradá-los demais, não fazer papel de palhaço, não estar disponível para elas, sempre agradando-as, para que mais tarde elas fossem levadas por outros bandidos.
- Acredite que você é uma grande beleza e goste de si mesmo.

Além disso, pouco a pouco, comecei a detectar as garotas que gostavam de mim, o que era fácil, pois, devido à minha grande beleza, havia muitas que gostavam de mim e eu percebia isso e, apesar de meus imensos defeitos, elas me validavam para sair com elas.

Isso foi um grande avanço, mas apenas revelou as enormes deficiências internas que eu tinha. Contarei a história no próximo capítulo.

Adolescência. Fase Clark Kent.

Bem, sim, eu era um homem muito, muito bonito aos 15 e poucos anos e no início dos 16, algo espetacular, e isso acelerou meu relacionamento com as garotas, porque elas vinham até mim, se apresentavam, escreviam cartas de amor e tudo o que você possa imaginar.

Comecei a perceber que o físico é muito importante quando você é realmente atraente. E eu estava em um nível tremendo. Então, disse a algumas delas que sairia com elas, e ficou claro que, por trás do meu físico imponente, não havia nada mais do que um garoto covarde.

Eu tinha medo delas, achava que não sabia beijar bem, que faria papel de bobo e elas ririam de mim, por isso, nas quatro primeiras vezes em que saí com elas, não fiz mais do que dar um beijo na boca. No final, elas se cansaram de ter um idiota e me deixaram, o que me aliviou um pouco, porque eu vivia todos os dias com medo e estresse, mas também me irritou muito por me sentir tão estúpido. Culpei-os, e não a mim, por não terem me ajudado mais a beijá-los, e me tornei um pouco rancoroso.

Isso porque a segunda garota que beijei quando tinha 14 anos disse que eu não sabia beijar, então passei um tempo sem me atrever a beijar nenhuma garota, como se isso não pudesse ser aprendido. Eu me fazia de bobo e tinha que ver como eu que saía com ela de mãos dadas não beijava porque era covarde, e logo ela ficava com alguém muito mais inteligente do que eu. Isso que foi uma merda, no final foi excelente, porque me deu a atitude ruim de valorizá-las menos e graças a isso, muito mais tarde, poder paquerá-las em massa.

Um dia, um colega do ensino médio me apresentou a algumas garotas da minha idade, que fumavam e pareciam muito experientes, elas me intimidaram e eu fiquei muito tímido, até gaguejei porque tinha medo delas. Esse foi o ponto mais baixo da minha fase de bobo perdido. Eu estava nessa fase porque, com esse medo, eu tinha involuído e não era nem divertido nem extrovertido, mas um pouco temeroso de garotas que pareciam ser 10 anos mais velhas do que eu, porque eu não saía, nem fumava, nem bebia.

Também atribuo essa regressão à superproteção dos meus pais e à mudança de casa, mas, acima de tudo, à primeira, ao fato de que meus pais não me deixavam fazer nada e me mantinham como uma criança. Felizmente, essa fase horrível terminaria em um tempo muito curto.

Também rejeitei uma vez uma garota de quem gostava muito e que gostava de mim. Isso aconteceu porque fui totalmente influenciado por minha mãe, que começou a criticá-la e a subestimá-la. Essa garota era louca por mim e foi um verdadeiro absurdo rejeitá-la, pois ela estava muito apaixoada. Foi um relacionamento de mais de um ano que se estragou porque eu dei ouvidos à minha mãe. Ela era a garota que estava destinada a ser a namorada número um e eu me arrependo disso! Eu me arrependo de não ter feito o que deveria ter feito. E isso nunca mais voltará, a oportunidade que você rejeita nunca mais volta e você paga caro por isso mais tarde. Isso foi brutalmente punido depois, passando por todas aquelas dificuldades que eu não teria passado se a tivesse beijado. Se Deus lhe dá uma oportunidade, você deve aproveitá-la.

A lição de tudo isso foi:

- O físico, se for brilhante, é muito importante.
- As garotas não vão tomar a iniciativa de beijar ou de praticamente qualquer outra coisa; você tem que ser o único a tomar a iniciativa.

- Ficar irritado (por ser tão inútil ou o que quer que seja) é bom, pois faz você avançar.
- Você precisa superar seus medos. Para seguir em frente, é preciso enfrentá-los, o que eu não fiz, mas que é a lição mais importante desta época.
- Não dê ouvidos a seus pais em tudo.
- Nunca perca uma boa oportunidade, pois se o fizer, você será severamente punido.

Adolescência. Superar os medos mais ridículos.

Um dia, quando eu tinha 16 anos, encontrei um colega de classe do ensino médio que conhecia uma garota de Valência e queria me apresentar a ela. Então fui lá e ele me apresentou a ela, e sou grato a ele por isso. Ele me apresentou a ela porque ela era de Valência e, como eu tinha muitos vínculos com Valência, ele pensou em apresentá-la a mim. Ela provavelmente tinha me visto ou ouvido falar de mim e essa foi a desculpa para me conhecer.

Eu a conheci e pouco mais aconteceu naquele dia. Em outro dia, conheci uma mulher valenciana e ela estava com uma amiga. Eu estava indo para a boate naquela tarde e essa amiga chamada Isa também estava indo para lá, então fui com ela.

Naquela noite, eu estava fluindo muito bem, estava desinibido e bebi alguns cubalibres com essa Isa na boate.

Eu não valorizava particularmente essa Isa, eu a via como uma garota qualquer, nem boa nem ruim, então não me senti intimidado, não gostei dela, não a achei feia e não senti nada de especial. E assim, sem valorizá-la muito e desinibido pelo álcool, chegamos a uma boa comunicação e acabamos conversando muito, rindo e nos divertindo muito, e isso inevitavelmente, sem querer ou planejar, me levou a passar a tarde inteira beijando-a sem parar. Fiz um bom show e naquele dia superei meus medos ridículos de beijar garotas e deixe de ser um covarde com elas. Super tarde, por acaso e sem procurar, mas foi o que aconteceu. Tive uma noite fantástica. A garota valenciana descobriu tudo e isso não só não me prejudicou, como também elevou meu status e, em pouco tempo, ela também cairia na minha rede.

Nesse dia, dei mais um passo no caminho do mestre, deixei de ser um nerd burro e me tornei simplesmente um idiota bonito. E ser tão bonito, sendo burro, era o suficiente para conseguir muitas paqueras naqueles tempos remotos.

Então, o que aprendemos aqui?

- Aprendemos que, se não as valorizarmos muito, é mais provável que gostemos delas.
- Se formos desinibidos e divertidos, nós os atrairemos. O que foi muito fácil devido ao fluxo da interação.

Assim que parei de pensar, desativei o cérebro e as ideias limitantes que estavam me esmagando e simplesmente fiz o que o instinto me pediu, fiz tudo certo e beijei a garota da maneira mais natural do mundo. Não precisei superar nenhum medo porque não tinha nenhum medo naquele momento. Foi tão fácil quanto isso. Não pensei em nada.

Portanto, não pense em agir.

Para resumir melhor:

- Não dê muito valor às meninas.
- Não pense nelas ou na interação, nem em nada negativo, pois o pensamento enfraquece seu carisma. Na interação, simplesmente flua.
- Seja divertido e desinibido.

Primeiras boas ações.

Em Palma de Mallorca, quando eu tinha 17 anos, estava na discoteca com centenas de outros adolescentes de toda a Espanha. Todos nós estávamos indo para lá para aproveitar nossas excursões depois de terminar o 3º BUP.

Na pista de dança, havia uma garota deslumbrante, a mais bonita de toda a boate. Ela estava dançando e ao seu redor havia pelo menos cinco homems olhando para ela e estavam claramente interessados. Eu disse 5, mas talvez houvesse mais, algo em torno de 7 ou 8. Fui até um deles e disse: "Porra, ela é gostosa! e ele disse: "É, é demais!

Fiquei ali parado por alguns segundos e ficou muito claro para mim que eu não ia ficar ali parado como um idiota admirando-a, então, sem pensar muito, tive coragem de ir falar com ela, e eu tinha certeza de que estava determinado e super direto.

Minha apresentação foi mais ou menos assim.

-Oi, como você é gostosa, parece a garota mais gostosa do clube, eu a vi e gostaria muito de conhecê-la. Ela disse

-Vale-

Eu disse

-Vamos sair da pista.

Ela veio comigo para a inveja de toda a porra da discoteca, os admiradores estavam fodidos por não serem os mais corajosos, e fomos nos posicionar ao lado de uma coluna acolchoada e ali, em pouco tempo, ou eu disse a ela que queria beijá-la, ou ela me disse diretamente, ou isso foi feito facilmente sem falar muito. Além disso, ela parecia feliz, tão feliz quanto eu estava por estar comigo. E naquela noite eu estava beijando uma garota muito gostosa, para a inveja de toda Mallorca.

Depois dessa exibição, muitos começaram a me chamar de "o mestre" por essa ação. E embora eu estivesse no paleolítico da sedução, com o rosto bonito e o bom corpo que eu tinha, assim que pedia algo, eu conseguia. Eu usava essas armas para fazer o que fazia, o que não era uma loucura, já que não havia sexo, mas me dava um grande impulso em minha autoestima.

Ensino.

- Tenha confiança em si mesmo e experimente-os, mesmo que sejam impressionantes, pois muitas vezes ninguém se atreve, e quem o faz é altamente recompensado.
- Se você for muito bonito, abuse disso e, com pouco que fizer, elas irão com você.
- Isole-a, separe-a do lugar onde ela está; se ela aceitar isso, ela gosta de você. Aprendi isso conversando com outro homem que estava começando na época e ele me ensinou esse truque. Eu o aprendi maravilhosamente e o coloquei em prática naquela noite pela primeira vez.

Beleza.

Aos dezessete anos, eu já estava determinado e, com a confiança que esse grande triunfo me deu, dediquei-me intensamente a tentar pegar garotas.

Como resultado dessa dedicação, eu me interessei por muitas garotas e, com grande facilidade, realmente entrei em uma velocidade mais alta, muito acima do que os meninos da minha idade conseguiam desenvolver.

Eu as pegava e depois as desprezava como se cada uhma delas fosse culpado de alguma coisa. Eu era uma criança raivosa que queria se vingar dos maus momentos que havia passado antes, quando era tímido e bom, e elas pagaram por isso me abandonando. No fundo, eu ainda era apenas isso, uma criança.

Agora, mais confiante, comecei a me destacar. A beleza lhe dá confiança, a confiança lhe dá sucessos e esses, por sua vez, lhe dão mais confiança. Eu também não precisava abordar muitas garotas, bastava pedir e, às vezes, nem era necessário, elas vinham até mim; elas se apresentavam, me convidavam para sair ou gritavam meu nome dizendo "gostoso" na rua. Elas me viam e suas calcinhas caíam, faziam elogios para mim, eu praticamente não precisava fazer nada para conquistá-las.

Lembro-me de uma vez, na discoteca, que fui apresentado a um grupo de garotas de uma gangue. Havia tantas delas falando ao mesmo tempo querendo me conhecer que eu não podia atendê-las todas juntas porque não conseguia entender o que diziam, então disse a elas que fizessem uma fila para que eu pudesse conhecê-las bem, e elas fizeram fila com seis ou sete garotas.

Eu usava essa técnica de entrar, ser simpático e engraçado e, logo depois, dizer a elas para irem a um lugar mais íntimo comigo. Elas vinham e eu ficava lá beijando-as a tarde toda. Naquela época, eu tinha um grande autoconceito como um homem legal, grande entusiasmo e dedicação, e isso valeu a pena.

As pessoas não precisam necessariamente começar no nível mais baixo e ir subindo de nível em nível, podem subir mais rápido ou começar em níveis mais altos. O que você não tem é experiência. A classificação que fiz em termos de níveis de sedução é baseada na experiência e no conhecimento, e não tanto nos resultados.

Naquela época, eu era burro em termos de conhecimento, mas não burro em termos de resultados, devido à grande vantagem da beleza. Tive muitos sucessos e os resultados não foram nada tolos, mas sim muito inteligentes. Para a época, eu era superinteligente, porque ninguém fazia praticamente nada, beijar garotas naqueles tempos remotos era considerado por todos como um mestre.

Estamos falando dos anos 80 na Espanha e, além disso, eu morava em uma cidade muito tradicional, onde as pessoas geralmente chegavam aos 20 ou 22 anos sem nenhuma experiência. Não se tratava dos Estados Unidos, onde algumas pessoas aos 13 ou 14 anos já dormiam com garotas.

Por ter o autoconceito de "o mais bonito", eu podia entrar em qualquer garota sem medo, e elas prestavam atenção em mim, mas algumas delas não acreditavam que tinham sido escolhidas, pois se consideravam muito inferiores a mim. Isso me deu muita confiança. Se você tem essa vantagem, precisa usá-la; se não tem, crie uma vantagem competitiva em sua cabeça. Sentindo-me acima dos demais, eu até pegava as garotas mais gostosas da cidade com grande facilidade.

Eu tinha essa vantagem competitiva e isso acelerou o processo de aprendizado. Como resultado, o progresso foi muito mais rápido.

Anteriormente, aos 14, 15 e 16 anos, eu era quase tão bonito, mas minha timidez prejudicava minha beleza. Agora, aos 17 anos, eu estava exultante.

O que você pode aprender com isso?

- Se você tiver uma vantagem competitiva, abuse dessa vantagem colocando-a em sua cabeça e ganhando confiança para se ver como superior a todos os outros.
- Se você não tiver essa vantagem competitiva, terá de criá-la artificialmente com seus pensamentos. Portanto, ao repetir essa vantagem para si mesmo, ao pensar nela e acreditar cegamente que você realmente tem essa vantagem, ela se materializará na realidade.

Por exemplo, você pode acreditar que é o mais atraente, o mais durão ou que tem algo especial que atrai as garotas, mesmo que não seja bonito. Isso é muito mais difícil do que a vida de superdotado que eu tinha, em que a própria realidade, sem que eu pensasse nisso, me dizia em alto e bom som que eu tinha essa vantagem.

Você também deve aprender que os homens bonitos e grandes não têm nenhum mérito, pois só conseguem garotas porque são bonitos, e que, às vezes, por trás de sua beleza não há grande sabedoria ou conhecimento, já que eles nem mesmo são atraentes, pois por trás de sua beleza escondem grandes inseguranças, como aconteceu comigo.

Ter boa aparência em geral é uma vantagem, mas também é uma desvantagem, pois você desenvolverá muito pouco carisma.

Portanto, se você for bonito, terá a vantagem de ser bonito e, se não for tão bonito, terá a vantagem de ter de desenvolver mais sua mente para compensar essa deficiência. Esse fato de não ser bonito não é uma desvantagem, é uma oportunidade. É claro que é mais difícil! E também é mais difícil, eu sei, é muito mais difícil. No início é uma grande desvantagem, mas sempre por trás de uma desvantagem há uma grande oportunidade. A oportunidade, nesse caso, é que você será forçado a criar uma personalidade atraente. Se você conseguir criar essa personalidade atraente, isso será muito mais sólido do que a grande beleza, que às vezes desaparece em poucos anos, enquanto a criação de uma personalidade atraente cria uma vantagem muito mais robusta e também permanece por toda a vida.

Se o homem bonito não desenvolver mais nada, assim que ele deixa de ser bonito, ele deixa de flertar. Isso acontece porque ele tende a se acomodar, não está acostumado ao não, à rejeição, a se esforçar, não quer se esforçar porque, para ele, isso é um insulto. Às vezes, seu ego é tão elevado que as garotas acabam não gostando dele. Às vezes, eles entram em depressão assim que sua beleza diminui. Alguns deles se tornam mimados aos 25 anos, caem em uma depressão e não conseguem se recuperar. Além disso, alguns homems bonitos que não usam muito suas outras armas acabam achando que flertar é coisa de jovem e, em suas cabeças, assim que deixam de ser tão jovens, eles se veem como velhos e acabados. Portanto, o que é ótimo em princípio pode ser uma desvantagem no final, e o que é terrível pode se transformar em uma grande vantagem. No final, tudo depende de você, de sua cabeça, muito mais do que de sua beleza.

No final das contas, criar uma personalidade atraente é um caminho mais difícil, mas muito mais sólido, duradouro e valioso, e essa personalidade sempre se torna uma arma muito superior à beleza.

Também é preciso dizer que é difícil para o homem bonito não desenvolver outras armas, pois, de tanto interagir e ter contato com as garotas, ele aprende mais rapidamente como elas são e como gostar delas, portanto, se começar a pensar e analisar as coisas, o homem bonito pode adquirir sabedoria muito rapidamente.

Se o bonitão também for inteligente, isso lhe dará uma vantagem definitiva e inatingível para os demais naquele momento. O bonito alcançará níveis muito altos muito rapidamente. Essa beleza que lhe dá vantagem não está disponível para a pessoa comum, portanto, sua ascensão será muito mais lenta à medida que ele desenvolve sua personalidade atraente. Levará anos para que ele alcance o desempenho do bonitão. Mas não se preocupe, será mais lento, porém mais seguro. O bonito um dia cairá e, mesmo que leve décadas para alcançar seu currículo, essa é uma corrida de longa distância e, no final, aos 80 anos de idade, é quando você terá que fazer um balanço.

Muitas vezes, esses homems bonitos têm uma carreira muito curta, pois encontram rapidamente uma garota bonita por quem se apaixonam e desistem da sedução. Como eu disse antes, muitos não chegam a desenvolver outras armas e, se a beleza cai, eles não sabem como voltar à elite.

Aprecie sua beleza, se a tiver, aprecie sua feiura, se a tiver, pois são armas diferentes e ambas lhe darão a vitória se você as usar bem.

Dedicação.

A dedicação vai polir você e transformá-lo em um sedutor mesmo com pouquíssima beleza. Use essa arma, sofra, mas persevere; no final, os bonitos quase sempre param de flertar porque são bonitos, e ou se tornam homens atraentes ou são extintos.

A dedicação é uma arma lenta, uma arma que você odiará, uma arma a princípio muito inferior à beleza, mas é uma arma cumulativa e, pouco a pouco, você aumentará seu poder com ela. Com o passar dos anos, você adquirirá muito mais experiência por meio da dedicação do que por ser bonito. Com dedicação, persistência, sendo incansável, no final você vencerá todos os bonitões, rirá deles e os verá ao longe, os verá como lembranças remotas de homens que o superaram e que hoje não são ninguém, pois foram soterrados por oceanos de tempo e, principalmente, de mulheres que você gostou. Você acabará vendo-os muito, muito abaixo de você, e acabará sentindo pena deles.

Comemore o fato de os bonitões o superarem, pelo menos você tem rivais. Se você seguir o caminho do mestre até o fim, no topo, estará totalmente sozinho.

O que aprendemos com tudo isso.

- Essa dedicação é a nossa arma mais lenta, mas, a longo prazo, a melhor, porque, ao se dedicar e se dedicar, aos poucos você percebe o que está fazendo certo e o que está fazendo errado, aprimora sua personalidade, ganha experiência e, finalmente, torna-se um grande paquerador sem precisar ser bonito.

Você é seu único rival.

Outro passo em seu caminho de domínio é perceber que você é seu único rival.

Pare de se comparar com os outros, de se sentir melhor ou pior dependendo do fato de você parecer melhor ou pior do que os outros. Se escolher os tolos, você se destacará e se sentirá o mais inteligente, mas na verdade estará enganando a si mesmo. Se escolher o super inteligente, você pensará que é burro, quando talvez seja um dos mais inteligentes do lugar. Portanto, pare de se comparar.

Você deve se comparar consigo mesmo, não com o melhor que fez até agora, mas com o melhor que acha que pode fazer. Essa comparação o levará de volta à triste realidade de perceber que você não está fazendo praticamente nada em comparação com as circunstâncias perfeitas e o seu melhor desempenho imaginável.

Você não deve se martirizar por não estar no seu melhor, mas deve estar ciente do infinito espaço para melhorias que ainda existe. O caminho do mestre é uma estrada longa e sinuosa, com o máximo de perigos e dificuldades. Somente se estiver determinado, você chegará ao fim.

O que aprendemos aqui?

- Essa vida é uma luta contra suas inseguranças, medos e deficiências. É essa luta que você deve travar durante toda a sua vida, sendo que tudo o que é externo é uma manifestação de sua vitória ou derrota nesse campo.

Começar a usar a pila.

Até agora, no caminho do mestre, havia apenas melhorias mentais, alguns beijos e pouco mais, agora chegou um momento em que percebi que tudo isso não me satisfazia de forma alguma e que eu queria muito mais. Eu queria fazer sexo com as garotas que eu estava pegando, e a verdade é que elas estavam super desperdiçadas, porque eu não estava fazendo muito. Em algumas delas eu toquei um seio, em outra toquei a buceta, mas superficialmente, porque ela não me deixou chegar aos lábios e, de qualquer forma, eu estava progredindo, é claro, mas ainda não tinha feito sexo aos dezenove anos. Uma idade muito avançada para o que é normal hoje em dia.

Mas, em uma noite, comecei minha carreira nesse campo flertando mesmo que não quisesse. Foi com uma garota estrangeira em um resort de verão. Com essa experiência, entendi que não podia deixar as garotas escaparem sem fazer sexo, que eu tinha de pelo menos tentar, comecei a perceber o que estava perdendo por ser um tolo.

Naquela época, eu tinha a crença limitante de que, para fazer sexo, era preciso ter uma namorada formal e, se você tivesse sorte, ela o deixaria fazer depois de muito tempo, provavelmente anos. Não havia livros, nem professores, nem internet, ninguém tinha a menor ideia sobre sexo ou relacionamentos. A única coisa que as escolas, os pais e a sociedade como um todo colocavam na sua cabeça era que a virgindade era algo muito importante, e eu, acostumada a ouvir comentários depreciativos sobre mulheres que não eram dadas à virgindade, achava que todas as mulheres, com exceção de algumas poucas que eram mal vistas, a praticavam. A norma era ser virgem até o casamento, e eu achava que teria sorte se conseguisse ser virgem antes disso.

Eu achava que essa era a única maneira e era assim que eu estava, porque arrumei uma namorada e as coisas estavam indo muito, muito devagar, e parecia que levaria anos para fazer isso, se finalmente fosse feito.

Com essa garota que conheci no resort de verão, percebi que havia outras garotas mais liberadas sexualmente. Como estrangeiro, eu achava que essas facilidades para o sexo só se aplicavam a circunstâncias muito favoráveis, como locais de festas e, acima de tudo, a estrangeiros, e que dificilmente se aplicavam a garotas espanholas em sua cidade de origem.

O que aprendemos com tudo isso?

- Aprendemos que o caminho do mestre é um caminho cheio de obstáculos, esses obstáculos são as crenças limitantes que você mesmo tem porque foi programado dessa forma. Você foi programado para ser burro.

O que mais aprendemos aqui?

- Também aprendemos que, por meio da dedicação e da prática, a realidade lhe mostra que é real e que não é uma fantasia que você tem na cabeça. Graças a essa dedicação, pelo menos eu compreendi que havia circunstâncias favoráveis nas quais eu poderia ir até o fim.

Se eu tivesse me conformado com o que estava estabelecido, não teria feito nada e teria permanecido virgem até os 23 ou 24 anos, como aconteceu com quase todos os meus colegas do ensino médio.

As crenças limitantes também são combatidas tomando-se a ação oposta a essa crença e observando os resultados. Muitas vezes você percebe que o que acreditava ser verdade não é verdade e, graças a essa experimentação que refuta sua crença, ela é apagada.

O que contei aqui pode fazer com que você pense que não vale nada! Não importa, sim, é verdade, eu era um tolo e estava me esforçando bastante para ser o menos tolo possível. Não foi fácil deixar de ser um tolo, não foi nada fácil. Naquela época, esse progresso de ser um tolo para ser menos tolo me dava muita alegria. É preciso julgar cada pessoa em sua própria idade, em seu próprio espaço e em seu próprio tempo.

O caminho do mestre é difícil, mas também é sempre um caminho para mais conhecimento e mais poder. Exceto quando se entra em uma idade muito avançada, em que, apesar do enorme conhecimento, não se consegue materializar bem o poder por causa do mercado escasso que existe, o caminho do mestre é sempre para mais conhecimento e quase sempre para mais poder, porque há altos e baixos de acordo com a dedicação e a ilusão do momento e, motivando-se, pode-se fazer anos memoráveis em idades muito avançadas.

Fracassos imensos que pareciam sucessos impressionantes.

No caminho do professor, há imensos sucessos que causam grande felicidade e, a longo prazo, tristeza, dor, nostalgia e, acima de tudo, muito tempo de aprendizado perdido.

Conheci uma garota que era muito bonita, muito simpática, adorável e comovente. Essa garota me deu muito amor e felicidade absoluta. Essa mesma garota acabou se tornando um tremendo obstáculo para mim em meu caminho até o mestrado, porque me apaixonei de ela, mas, como a vida quis, no final fiquei cansado e entediado com esse relacionamento.

Quando eu tinha 18 anos, conheci uma garota, como já disse, e me apaixonei pelas flechas do Cupido. Apaixonei-me e considerei que havia encerrado minha minúscula carreira amorosa, pois havia encontrado o amor da minha vida. E assim foi, era o amor de minha vida. Nenhuma outra mulher jamais me afetaria tanto ou me daria tanta felicidade quanto essa garota. Foi maravilhoso, fiquei emocionado, ela me correspondeu totalmente, foi tudo muito bom, nunca mais tive uma namorada tão carinhosa e boa como essa. Então, me aposentei totalmente da sedução, muito feliz.

Mas, pouco a pouco, essa felicidade desapareceu como fumaça ao vento e, de querer estar com ela, minha paixão acabou se transformando em estar com todos, menos com ela, devido à desilusão.

Essa garota se tornou muito monótona e depressiva. Comecei a perceber que havia outras garotas muito mais interessantes, e retomei minha produção de raparigas seduzidas mesmo quando estava com ela.

O que aprendemos aqui?

- Quanto mais amor sentirmos, mais dor teremos depois.
- Que tudo muda, nada permanece igual e que, em geral, as coisas no amor pioram, a menos que façamos um grande esforço, e mesmo assim o fazemos.

O amor mata.

No caminho do mestre erros são cometidos, e não é porque você os cometeu que eles são corrigidos e então você sempre faz as coisas direito. Não! Erros são cometidos repetidamente, mesmo que você saiba bem as coisas, e é por isso que esse caminho é tão difícil, porque você tropeça na mesma pedra muitas vezes.

Esse tropeço é natural, porque uma garota bonita e simpática realmente enfraquece, então é natural cair. Essas garotas podem e conseguem interromper sua produção várias vezes. Por incrível que pareça, elas também fazem parte do caminho do mestre.

Você tropeça no amor várias vezes e nunca está totalmente imunizado.

Depois desse lindo amor, vem o cansaço, depois a felicidade de voltar ao mercado mesmo estando envolvido nesse amor e, por fim, o rompimento, que, embora você pensasse que já era forte e independente, é mais difícil do que imaginava; e muitas vezes você sente muita dor e tristeza, embora tenha acontecido exatamente o que você queria. Isso acontece porque você era mais fraco do que pensava.

No caminho do mestre, o amor é algo que o atrasa, o enfraquece e o faz perder muito tempo. No final, ele machuca e deixa você em um estado terrível.

Mas se você nunca caiu nele, nem conhece momentos de grande felicidade, nem conhece a verdadeira dor, então o amor o atinge e você cai ferido, mas depois de alguns meses, ou mais geralmente anos, você se levanta e volta a ser você mesmo. Depois de muito sofrimento, você se reencontra, mas, dessa vez, muito mais endurecido, mais resistente e determinado a não cair mais em suas terríveis garras. Esse deve ser sempre o caso, mas às vezes você também fica mal, sentindo-se culpado, e isso será catastrófico.

O amor é o inimigo do sedutor e somente o amor e a morte podem interromper a produção. A morte a detém em seu caminho, o amor a desacelera, mas não a detém, e logo, como a água represada que não flui, a represa transborda ou se rompe completamente, e o rio retorna ao seu curso natural.

O que aprendemos aqui?

- Aprendemos que, embora o amor seja muito bonito e maravilhoso quando você está nele, a longo prazo ele acaba sendo um grande problema e você passa da ilusão ao tédio. É difícil sair dele e voltar para si mesmo. Você pode cair nel várias vezes, mas sempre se levanta e continua sua produção. Aquele que fica preso nunca termina o caminho do mestre.

- Quanto mais jovem você é, acho que mais suave você é, porque toda a programação sobre romantismo, amor, família, você tem isso mais na cabeça. É por isso que acho que muitas pessoas cometem suicídio em idades muito jovens, como 15, 18, 21 anos, quando o amor parece ser a única coisa importante na vida. Por causa do amor, muitas pessoas morreram, especialmente homens. O amor pode matar você.

O falso eu.

No caminho do mestre, há momentos de grandes maravilhas e maestria, e momentos de absoluta inutilidade, resultado, como sempre digo, da programação mental recebida. Na verdade, até que você consiga criar sua própria personalidade e ser o seu verdadeiro eu, você é sobrecarregado por toda essa merda que colocam na sua cabeça e, praticamente, pelo menos no meu caso, até quase os 30 anos, eu não tinha a cabeça no lugar. Você acha que é você quem pensa e sente, mas esse é um eu artificial que a sociedade criou. Até que você se livre desse falso eu, com falsos sentimentos e falsos gostos, você não é realmente você. Em geral, isso não é alcançado até que você tenha sofrido as duras consequências dos atos dolorosos desse eu inicial.

Muitas pessoas nunca conseguem se livrar disso, outras se livram aos 30 anos porque praticaram muito, mas a maioria das pessoas não é mais elas mesmas até os 40 ou 50 anos.

No final, quase sempre após um duro revés, o verdadeiro você emerge e você descarta todas as crenças prejudiciais que tinha.

Essa tremenda fraqueza desse eu artificial me causaria enormes problemas.

No meu caso, felizmente, quando você estava com a cabeça tão ruim, não foi a garota que me colocou no meu lugar, mas a própria vida. Você já se desviou tanto do caminho de seu mestre que o choque que recebeu foi tão grande que você finalmente se endireitou e entrou no caminho certo pela primeira vez na vida.

Por volta dos 22 e 23 anos, eu me livrei desse falso eu e fui minha criação bem-sucedida, o que foi uma maravilha e aconteceu o que vou contar no próximo capítulo.

O que aprendemos aqui?

- Se quiser ter sucesso, você precisa construir um novo eu mais poderoso, porque o eu padrão vem com uma programação incorreta.
- Essa mudança é positiva, mas se o antigo eu vier à tona, isso causará uma dor tremenda.

Parceiros estressantes.

Durante as férias de verão, já a partir de 88, mas especialmente a partir de 92, quando a organização de sedutores profissionais foi fundada entre os sedutores mais inteligentes de lá, muito foi aprendido e muitas raparigas foron seduzidas mas foi realmente um aprendizado muito difícil e muito estressante.

Nessa época, eu já estava farto de namoradas e estava livre da fidelidade. Todos os sedutores e não sedutores costumavam se encontrar lá no resort de verão, Benicasim. Nós, os sedutores, os da O.L.P. (Organização dos sedutores Profissionais), nos dedicávamos a paquerar a qualquer hora, de manhã, à tarde, à noite, saíamos praticamente todos os dias. Não havia um momento em que não estivéssemos olhando para uma garota ou pensando em flertar com elas. E foi assim que os verões passaram.

O ruim de tudo isso é que, além dessa tensão que você mesmo tinha por causa do enorme desejo de flertar, seus companheiros não faziam nada além de estressá-lo ainda mais, porque a competição era muito grande e qualquer coisa que desse errado, ou qualquer interação que não desse certo, era ridicularizada e criticada por todos. Os sucessos que você tinha também eram ridicularizados e criticados por alguns, então eles davam nomes ridículos não só para os que eu pegava, mas para os que qualquer outra pessoa pegava.

"La morcilla", "la loca", "el monstruo", "Nenuco", "Elenana", esses nomes eram geralmente dados a garotas muito gostosas, como "la morcilla", que era chamada assim porque se vestia de preto e era uma garota muito gostosa, mas muito gostosa. El monstruo, porque ela era uma garota grande e alta, Elenana, porque seu nome era Elena e ela era um pouco anã, ha ha, eu inventei essa, coisas assim.

Às vezes, até mesmo ficamos com as mesmas garotas.

Você não tinha praticamente ninguém em quem pudesse confiar, pois, embora tivesse alguns seguidores e aliados que o valorizavam como líder, eles não eram muito leais, pois nem sempre estavam lá para sair com você, às vezes mudando de lado, dependendo de quem era o homem mais forte, e aquele que parecia seu aliado mais tarde se aliava a um rival.

Também devo dizer que 90% dos ataques vieram de uma única pessoa, o líder do grupo, Pedro. Ele criou o grupo e foi homenageado por aqueles que estavam no nível mais baixo. O matador e eu éramos os desafiadores desse homem e também ridicularizávamos seus muitos sucessos, pois eram efêmeros e inconsistentes. Isso se devia à sua pouca capacidade de transformar seus flertes em garotas que ele levava para a cama. Esse homem beijava muito, mas não dormia com praticamente nenhuma delas.

O matador e eu éramos aliados e rivais ao mesmo tempo, e traições e grandes colaborações se seguiram uma após a outra. Nos verões em que havia colaboração, nós dois destronávamos esse líder, e nos verões em que não havia essa aliança, não eram tão bons.

Nós competíamos para ver quem era o mais forte de nós três, cada um de nós tinha seus seguidores e éramos rivais uns dos outros.

O verão de 92 claramente caiu na minha conta e foi reconhecido como tal, assim como o verão de 93, empatado com "el matador", ambos muito equilibrados. Em 94, fiquei em segundo lugar, tendo me juntado a Pedro porque "el matador" tinha arrumado uma namorada e não competiu. Com o Pedro, apesar de tudo, as coisas não foram tão ruins e foi um bom verão. Em 95, fiquei em último lugar porque fui eu quem arrumou uma namorada e cheguei em péssimo estado, gordo e meio apaixonado. Fui o pior não só entre nós três, mas de todos nós, em um verão terrível. Em 96 foi um verão de traição por parte do matador que competiu contra mim e me venceu, fiquei em terceiro e bem abaixo, e em 97 fiquei em terceiro novamente, mas mais próximo do segundo.

Assim, todos nós fizemos alianças, rompemos com elas e, acima de tudo, competimos para ver quem era o mais bem-sucedido. Não me saí bem com esse estresse, exceto nos dois primeiros anos, quando tinha muitos aliados e seguidores. No restante, por causa do desgaste dessa guerra, não me senti totalmente confortável e não consegui dar o melhor de mim.

Assim que comecei a seduzir sozinha, e parei de andar com pessoas tão competitivas e estressantes, comecei a ter muito mais sucesso. This was later, in my city, Santiago, from 97, there in Benicasim you couldn't go out alone, because it was very difficult to get away from all these despisers, traitors and rivals, because every night your supposed followers, or directly your rivals, came looking for you. Às vezes, você conseguia ir com alguém menos nocivo, e era aí que vocês se encontravam.

Normalmente, dentro do grupo havia subgrupos de dois ou três com um líder e um ou mais seguidores, você encontrava um amigo mais amigável que não o incomodava e ia com ele. Quando você não tinha um aliado entre seus seguidores ou homens mais afins, tinha de ir com seus rivais, e essa costumava ser uma noite de merda, onde tudo era tensão.

Foi assim que começamos a briga de galos, transando com as garotas uns dos outros e, é claro, desprezando ao máximo os sucessos de nossos adversários.

Isso era uma guerra, sempre havia muita competição e aquele que era seu aliado em um verão se tornava seu rival amargo no verão seguinte. Isso acontecia muito com "o matador" e, por causa de suas traições, não conseguimos vencer o líder em mais ocasiões.

E se brigávamos e desprezávamos uns aos outros, muito menos o que pensávamos de todos os outros. Ríamos deles, os víamos como tolos e nos sentíamos tão superiores, tão acima deles, que mesmo que viessem falar conosco, tentávamos manter essa interação o mais breve possível, porque nem sequer os considerávamos dignos de falar conosco.

Tudo isso aconteceu apenas em meu resort de verão, em minha cidade de Lugo, sem essa competitividade extrema, com amigos muito mais amigáveis, estabeleci um reinado de terror em 92 e 93, do qual ainda me lembro como muito poderoso mais de 30 anos depois.

O que aprendemos aqui?

- Que, se já é difícil o suficiente para um jovem inexperiente aprender, andar com personagens que não fazem nada além de criar tensão e machucá-lo não é bom para você, e que você deve sair com parceiros satisfatórios ou sair sozinho.
- Você precisa ser orgulhoso e convencido, mas não arrogante e desdenhoso.
- Que as boas alianças funcionam bem e as más alianças funcionam mal.
- Que você não pode realmente dar o melhor de si se não estiver em um ambiente agradável.
- Que, mesmo em um ambiente hostil, a imensa dedicação gera progresso.

Esse resort de verão foi um lugar difícil de aprender, e o aspecto menos positivo foram essas companheiras que realmente tornaram a interação com as meninas menos agradável.

Em um inferno de verdade, onde todas as noites alguém dava em cima de mim e você tinha que aguentar o desprezo deles, fiquei endurecido.

Isso me ajudou a me separar de pessoas prejudiciais e a conviver apenas com pessoas que me validavam. Assim que eliminei esses personagens, comecei a me dar muito mais bem, a me sentir mais poderosa e a me divertir muito mais.

Primeiro reinado de
terror. Flashes de poder.

O que descrevi no capítulo anterior aconteceu somente na cidade de verão durante 1992, 1993, 1994, 1995, 1996 e 1997, mas na maior parte do ano aconteceu o que descreverei agora.

Voltemos a 1992, em minha cidade habitual, Lugo, quando eu estava com minha primeira namorada. Há algum tempo eu não estava me sentindo muito bem, pois sentia que ela me entediava terrivelmente, não a achava engraçada, nem estava em sintonia com nada do que ela pensava, ela havia se tornado uma garota insípida, chata, sem graça e até depressiva e, embora fosse uma pessoa maravilhosa, ela realmente me entediava e eu não a valorizava muito nessa fase final.

Naquela época, conheci vários amigos e me diverti muito bebendo vinho e rindo, e isso realmente me motivou.

Aconteceu também que um amigo meu me contou que transava com garotas sem ser namorado e sem ser nada delas. Isso me deixou chocado e com raiva, porque eu tinha de suportar o pudor da minha namorada, que eu estava tendo dificuldade em convencer a fazer sexo. Eu me senti um idiota e queria consertar as coisas transando com todas elas a partir daquele momento.

Um dia, sem mais nem menos, eu realmente vi a luz. Eu estava ouvindo música e ela me inspirou. Entendi um significado oculto e místico por trás das letras e sabia que era um sinal. Eu me senti transportado, como alguém que toma uma pílula e finalmente vê a realidade. Demorou 22 anos para ter essa revelação, mas isso me mudaria para sempre e foi como um despertar. De repente, eu me senti diferente. A letra da música me inspirou e me senti muito mais mal, muito mais sem-vergonha, senti um poder imenso, sabia que minha fase formal havia terminado e que agora eu seria mau, sedutor, convencido e arrogante, e me senti muito bem.

Depois de sentir o poder da porra pela primeira vez, mudei meu comportamento para exatamente como estava me sentindo e, pouco me importando com as consequências de meus erros, comecei a pegar todas as garotas gostosas que via em minha própria cidade.

Peguei duas garotas muito bonitas com grande facilidade e uma delas perseverou bastante.

Agora voltamos ao resort de verão, onde havia muita concorrência. Estávamos em 1992 e a O.L.P. tinha acabado de ser fundada.

Fui para o meu lugar de verão determinado a ter sucesso, lá tentei e tentei e tentei e nada saiu, apesar de me sentir tão atraente e com tantos desejos, eu não flertava. Finalmente, houve um dia em que fiquei desmoralizado e pensei que não iria mais flertar, que era impossível, porque eu estava há 20 dias entrando em garotas sem parar, na praia, na rua, à noite, era uma dedicação exaustiva e infrutífera. Devo ter tido mais de dez fracassos consecutivos com garotas que eu não conseguia pegar. Garotas com as quais me esforcei para não conseguir nada. Eu me dediquei tanto naqueles dias que, exausto e afundado pelo fracasso, disse que deixava para lá, que havia fracassado, que me resignava a ser um fracassado e que voltaria a ser formal com a namorada.

Uma semana depois desse momento triste, as garotas com quem entrei literalmente começaram a me procurar. Uma delas veio me procurar e me convidou para conhecê-la, à sua amiga e a várias outras. De repente, eu estava transando com essas duas amigas secretamente quase todos os dias, e atingi um número recorde de encontros que nunca mais foi quebrado. Foi o matador que generosamente me apresentou a essas garotas e, graças a isso, finalmente comecei, e tive um verão lendário, transando e flertando com as garotas mais gostosas e dedicadas, literalmente transando com elas na bunda e fazendo tudo o que se pode imaginar desde o início, com todo o fuckung power.

Acho que, no final, eu teria sido o mesmo sem essa ajuda, pois a dedicação me fez chegar cada vez mais perto do sucesso.

Aqui, com tanto estresse e tanta concorrência, eu não podia impor minha beleza a meu bel-prazer, pois eles também eram homens muito bonitos, e com essa vantagem diminuída, eu estava enfraquecida, pois ainda não tinha outras armas tão poderosas quanto essa.

Depois voltei para minha cidade de residência habitual, Lugo, onde cresci, e lá, sem concorrência, estabeleci um reinado de terror. Todas as noites eu saía e recolhia minhas peças, que eram da mais alta qualidade.

Em uma noite, com uma força e um soco brutais, fiquei com várias delas na mesma noite. Peguei as que eu gostava e todas as suas amigas também, e suas irmãs, não havia nenhuma garota indiferente para mim. De repente, o poder que eu estava retendo há anos com uma namorada foi brutalmente liberado, e aqui eu realmente atingi o nível máximo. Eu não tinha rival, nem medo, nem remorso. Eu não tinha todo o conhecimento, mas tinha o poder, e isso foi um massacre.

Esse reinado de terror durou a maior parte de 92 e todo o ano de 93.

Aqui eu era brilhante e me sentia um grande campeão, fiz um número recorde de campeonatos em 93 que levou dez anos para ser batido, estava totalmente no mercado e com a cabeça boa, algo que depois não continuaria assim.

Em 1993, fiquei com uma amiga da minha namorada, eu a conheci e naquele dia me senti mal e libidinoso e pensei - esses peitos são meus - e depois de um tempo, não depois de meses como com a namorada, depois de um tempo, eu os estava chupando e amassando. Fiz grandes, mas grandes obras-primas. A maior delas foi ter transado com a namorada de um homem que eu admirava por ser bonito e namorador, um homem que eu considerava o único superior a mim. Além disso, essa garota ficou comigo por muitos meses e, assim, transando com a namorada do homem que eu considerava superior, eu não via mais ninguém superior.

Esse homem era um segurança e tinha uma arma, mas não me importei em arriscar minha vida para transar com aquela garota linda e gorda. Eu sabia que eu era um grande sacana e, de longe, o melhor da porra da minha cidade.

Eu era tão arrogante e convencido que não tinha medo de nada.

Um dia, encontrei meu ex-professor, cuja namorada eu havia transado e que ficou sem ela por minha causa. Eu o vi e pensei - está tudo bem.

Ele veio falar comigo de forma muito amigável, disse que não estava mais saindo com a garota com quem estava e que havia descoberto que ela o estava traindo. Eu disse a ele: "Mas você sabe quem el é? E ele disse que não.

Fomos tomar algumas cervejas e estávamos conversando sobre garotas de forma amigável. Eu disse a ele que tinha transado com uma e contei sobre minhas transas com a namorada dele, e ele riu e estava se divertindo muito comigo. Ele me convidou para tomar cervejas e tudo mais. Ótimo rapaz!

Isso é ou não é magistral? Eu fiz isso quando tinha 23 anos. Era Jauja comparado com minha casa de verão.

Afirmo que qualquer pessoa de qualquer cidade da Espanha, por mais paquerador que fosse em sua cidade, se tivesse saído com a OLP, teria sido, não derrotado, mas humilhado por qualquer um de nós.

Aqui em Lugo, sem rival, impondo minha pequena ditadura, eu tinha as meninas da cidade rendidas aos meus pés.

Saí com outra tão feliz quanto uma nova namorada por todo o centro da cidade, sem me preocupar se alguém me veria. Fiquei com outra garota linda, com quem eu transava por horas e horas todas as noites. Nessa época, atingi o nível máximo em termos de resultados por alguns anos, e também tinha uma cabeça muito boa, mas ainda havia pontos fracos ocultos que vieram à tona mais tarde. Mas podemos dizer que, em termos de potência, atingi meu auge aos 22 e 23 anos.

Também em minha cidade, fiquei com uma das pessoas da gangue com quem eu andava, o que me deu uma forte euforia, porque ela era uma pessoa de quem eu gostava muito antigamente, e para mim era algo muito importante. Aqui apliquei o poder do caralho e distorci a realidade, porque não tinha muita chance, mas com o domínio de ângulos e distâncias que eu estava começando a desenvolver e, acima de tudo, sentindo o fucking power, eu a fisguei e ela sucumbiu à própria surpresa. Seu namorado, que também era meio delinquente, ficou sabendo. Eu tinha coragem, saí vencedor e nada me aconteceu.

O que aprendemos aqui?

- Para sentir o poder. Para fazer isso, prestamos muita atenção em algo, especialmente em músicas poderosas que não percebemos antes o que realmente estavam dizendo.
- Que é possível ter sucesso mesmo que o conhecimento ainda esteja em seus rudimentos.
- Essa dedicação compensa.
- O fato de estar irritado porque o que você acha que merece não se concretiza faz com que você se esforce ao máximo.
- O triunfo sempre vem, mesmo que você pare, se tiver feito as coisas bem feitas antes.
- Que você pode ser um professor muito cedo.
- Que você pode esconder seu antigo eu e criar um muito melhor.
- Que você precisa acreditar em si mesmo e ter fé.
- Que você precisa ser ousado.
- Que você não deve se preocupar com os riscos.
- Que você precisa ser desafiador diante do perigo.
- Que você precisa ser capaz de se gabar e se vangloriar disso.
- Que se você achar que é o melhor, você se tornará o melhor.

Pontos fracos.

Depois de muito brincar de canalha, depois de chegar à porra do topo, eu tinha certeza de que seria sempre assim. Eu já havia terminado com a namorada para não magoá-la ainda mais e tudo estava correndo perfeitamente.

Mas um dia eu a vi e me lembrei novamente das sensações do início com ela, isso me atormentou e me fez desmoronar completamente, me senti péssimo, senti pena de perder aquele lindo amor que tínhamos e queria sentir novamente o que senti no início com ela.

Ela, depois de muita insistência, voltou a me procurar por um breve período, mas não se convenceu e, por fim, me deixou. Eu estava totalmente abatido, triste e arrependido de meus erros, sentia-me muito mal, envergonhado do que havia feito e desejando voltar ao caminho do bom rapaz.

Quando um relacionamento termina, há duas saídas:

Estava ansioso para conhecer garotas, divertir-se e não queria mais entrar em um relacionamento como esse. Portanto, essa é uma separação muito boa.

O oposto também pode acontecer, você achar que a culpa foi sua, que está arrependido, que está ferrado e que, assim que sair do relacionamento, quer procurar outro para se redimir, para ser bom, para voltar àquele amor idílico. Essa é a pior saída possível, aquela que causará um sofrimento terrível, e foi isso que aconteceu comigo. Depois desse primeiro amor, fiquei com remorso e mais mole do que nunca, procurando amor novamente, sentindo-me mal e culpado, e nesse estado eu era a vítima perfeita para qualquer mulher má me comer vivo.

É inacreditável que, depois das maravilhas que fiz, eu tenha ficado fraco assim, porque eu ainda não havia destruído meu antigo eu, apenas o havia trancado em minha cabeça e o substituído pelo novo, mas ele ainda estava lá para estragar minha vida e, com esse reencontro, o antigo eu apareceu novamente.

Acho que eu era muito jovem e era esse novo eu recém-construído, então, assim que me expus à fonte de minha fraqueza, a namorada, minha criação se desfez.

O que aprendemos aqui?

- Que você nunca deve se sentir culpado no final de um relacionamento, ou essa fraqueza fará com que você se comporte de forma muito gentil no próximo e será abusado.
- Que você não sabe quão forte é o novo eu até que o exponha ao que o enfraquece.

Segunda namorada.
Chorar por amor como
um imbecil.

Agora, depois dessa primeira namorada, eu não estava mais tão feliz, não estava mais contente, tinha realmente sofrido pela primeira vez em minha vida, o que me deixou irritado e frustrado. Essa frustração estava crescendo, mas também o desejo de encontrar outra garota legal.

O que aconteceu comigo foi horrível, mas, em longo prazo, foi a melhor coisa que já me aconteceu, porque depois de muito sofrimento, finalmente me tornei forte por causa disso. Aconteceu que conheci outra garota que era muito legal e de quem eu gostava, e tive a infelicidade de ter sucesso e sair com ela.

Eu, que já era um bastardo e um mestre, queria me conter e ser bom. Eu estava triste por ter perdido a primeira namorada e prometi a mim mesmo que seria bom com essa segunda.

Essa garota era muito diferente da primeira e isso me empolgou, ela era super louca, divertida, festeira e extrovertida, e eu adorava isso em princípio. Ela também era muito gostosa e, ao contrário da primeira, era muito carismática, falante e engraçada. Por mais mole que eu fosse, sucumbi completamente aos seus enormes encantos e me joguei no relacionamento.

O problema é que essa garota não era doce, nem carinhosa, nem tão boa quanto a outra, a única coisa que lhe interessava era sair para festas, muito mais do que estar comigo. No início, eu a acompanhava em suas inúmeras festas, mas não me sentia bem, ela não me dava atenção suficiente, eu me sentia desvalorizado, triste, não correspondido e, às vezes, até sentia que eu era demais na sua vida.

Eu me contive para não contra-atacar as inúmeras rejeições que ela me fazia. Eu ainda estava lá, vagando, aguentando suas bobagens, sendo carente e dependente.

Mas havia brigas e discussões cada vez mais frequentes, e um dia ela se cansou de mim e me deixou.

Depois de um ano sendo um idiota, sofrendo como nunca antes em minha vida, tentando sentir amor e não sentindo nada além de tristeza, solidão e decepção, ela me retribuiu essa gentileza com sua baixa apreciação por mim durante o relacionamento e, finalmente, com o abandono.

Eu era tão ruim que me transformei completamente em um homem mau cujo objetivo era me vingar dela.

Essa garota não era ruim de jeito nenhum, acho que ela nem era ruim, ela só era fria e não era culpa dela ser assim, no fundo, no fundo, ela era muito boa, mas ela deixava você com muita raiva.

O que aprendemos aqui?

- Não entre em nenhum relacionamento em um estado melancólico ou querendo compensar algo do passado.
- Que sua nova namorada não vai consolá-lo pelo que você fez no passado.
- Que você deve começar de forma alegre e despreocupada em qualquer relacionamento.
- Que no caminho do mestre você pode se perder por anos a fio, dominado por crenças antigas que o enfraquecem.
- Que para ser frio e duro, você deve primeiro ser quente e macio.
- Que no sofrimento é forjada a determinação de não sofrer mais
- Que ninguém, nem mesmo sua namorada, o entenderá ou o ajudará no que é importante para você.
- Que você não confia em ninguém, especialmente em sua própria namorada.

Segunda namorada.
Minha transformação em
um psicopata.

Depois que ela me deixou, após aguentar tudo, eu não só recuperei meu trabalho, minha personalidade sacana e paqueradora, como também piorei muito as coisas. Logo depois de deixá-lo, ela voltou para mim porque, apesar de tudo, ela deve ter gostado de alguma coisa, ou tinha alguma bondade oculta e estava arrependida do que havia feito comigo.

Mas o eu que eu conhecia não existia mais, eu havia me tornado o eu bastardo, e agora eu o faria pagar por todo o seu desprezo. Essa seria a versão mais bastarda de toda a minha vida.

Não houve um dia sequer em que eu não achasse que ela era uma pessoa ruim que merecia todo o meu ódio e malícia.

Eu a castiguei severamente e a traí com dezenas e dezenas de pessoas durante anos, enquanto retomava minha carreira aos 26 anos, mas dessa vez sendo um verdadeiro psicopata, pois não só não me arrependia de nada, como também gostava da minha maldade e ficava sadicamente excitado ao fazê-la sofrer. Eu me tornei um louco.

Eu estava meio louco de vontade de desprezá-la, humilhá-la e fazê-la sofrer, e consegui. Ela se comportou infinitamente melhor comigo, mas não afrouxei minha punição nem um pouco, e ela sofreu por quatro longos anos.

Não foi certo o que fiz, porque a machuquei demais, mas naquele momento era o que eu sentia. Aqui eu não me importava muito com as que eu recebia, mas a vingança que eu fazia era o que eu mais gostava.

A propósito, eu transei e me relacionei muito.

Esses tempos, embora eu flertasse muito, eram tempos sombrios, em que o excesso de maldade era apenas isso, um excesso. No final, nas poucas vezes em que a vi, ela se comportou bem comigo, mas mesmo assim eu não desisti. Eu estava furioso.

Muitas vezes ela não teve notícias minhas por vários dias, eu desliguei o telefone na cara dela, ou não atendi o telefone, ou transei com ela e fui transar com outra pessoa. Eu a deixei várias vezes, tive outras namoradas, cheguei a sair com várias namoradas ao mesmo tempo, além dela. Eu dizia não para tudo e ela acabava dizendo sim para tudo, e sofrendo por causa do meu incrível tesão.

Finalmente, em uma noite em que a namorada me chamou para sair e eu disse que não, recebi um telefonema de uma loira grandalhona que tinha dado em cima de mim e saí com ela. Em uma rua, encontrei a namorada enquanto eu agarrava essa garota, que, por sinal, era muito mais bonita do que ela. Ela me viu, gritou e saiu correndo.

Assim, essa noiva foi embora e se libertou de meu sadismo.

Liguei para ela, mas ela nunca atendeu minha ligação e, depois de me sentir mal por alguns dias por ser tão, tão, ruim, logo pensei: "É melhor deixá-la ir"!

Depois de tanto ódio, um dia eu a encontrei e lhe pedi perdão por todo o mal que eu havia causado, e ela me perdoou, então acalmei minha consciência pesada e me senti melhor. Naquele dia, ela chegou perto de voltar para mim. Ela estava prestes a dormir comigo quando já tinha outro namorado, mas, felizmente, havia muito pouco tempo e, quando eu lhe disse para dormir comigo, ela disse que não havia tempo suficiente e isso era verdade. Ela queria. E assim, por pura sorte, evitei cair nessa armadilha novamente, o que não foi bom nem para ela nem para mim.

Deixar uma namorada é bom, perder uma namorada que você amava muito é a melhor coisa de sua vida. Dói muito, mas liberta você da fraqueza e o coloca de volta no mercado onde sempre deveria ter estado.

Depois dessa terrível experiência, apaziguei o psicopata que havia criado e estava no ponto perfeito de idade, experiência, maldade e sabedoria para estabelecer outro grande reinado de terror em Santiago. Esse reinado foi muito mais poderoso, cruel e implacável do que o anterior.

O que aprendemos aqui?

- Não faz sentido querer ser bom novamente quando você já se programou para ser ruim.
- Que não vale a pena tolerar coisas que você não gosta em uma garota.
- Não vale a pena buscar essa vingança.
- Que não vale a pena, nem sofrer as rejeições, nem se torturar.
- Que é melhor seguir seu próprio caminho e deixar as meninas que causam problemas. Porque, ao ser bom, você não obtém nada de bom delas e, ao ser mau, você lhes causa um dano excessivo que elas não merecem mais.

Hoje desejo o melhor para aquela pobre garota que sofreu minhas maiores loucuras, loucuras que vieram de sentimentos ruins, de fraqueza, do desejo de vingança. Loucuras que depois se voltam contra você e você se sente excessivamente mal.

A coisa mais difícil a fazer é se fazer respeitar e não tolerar os abusos. Se não conseguir fazer isso, abandone-os sem cerimônia e nunca ceda aos seus apelos.

A melhor dureza não é punir ou se vingar, a melhor dureza é deixá-los e não se importar mais com elas, porque elas falharam com você, não merecem nenhuma chance porque não se comportaram bem com você.

Nesse caso, eu estava excessivamente satisfeito, aprenda isso e não seja um tarado como eu fui. Liberte-se e siga em frente.

Segundo reinado de terror. Varredura.

Agora eu realmente liberei todo o meu poder, limpei minha cabeça do ressentimento e do sofrimento e me comportei de forma muito mais positiva, alegre e feliz. Perder minha namorada foi maravilhoso e me diverti muito mais do que antes. Nessa época, era o ano 2000 e eu tinha 30 anos, e comecei a flertar e a transar com muito mais frequência. Além disso, eu estava exercendo um domínio muito poderoso, sendo cobiçado e valorizado pelas mulheres da minha cidade.

Foi nessa época que conheci um homem que era um sedutor maravilhoso, "o francês", e minha aliança com ele produziu resultados espetaculares, em um nível muito superior às minhas alianças anteriores em meu resort de verão.

Com esse homem, não um, não dois, mas três níveis mais altos do que antes, e foram feitas coisas realmente incríveis que, para contá-las, seria necessário um livro de mil páginas.

O francês e eu éramos os donos da cidade, e fizemos verões recordes de 99 a 2005. Era realmente tanto poder que estávamos completamente fora de nós. Eu costumava dizer a frase "i love this game" (eu amo esse jogo), referindo-me ao quanto eu adorava flertar. Nós nos chamávamos de mestres da porra.

Naqueles anos, houve um frenesi sexual louco que contarei mais tarde. Haveria tanto para contar que, se eu começasse a narrar as aventuras mais marcantes, encheria páginas e páginas e não é isso que quero fazer. Além disso, é para isso que serve meu trabalho secreto.

A lição de tudo isso é que, quando você deixa para trás a suavidade e também as durezas extremas que também não lhe trazem nada, e simplesmente sai para se divertir, livre de relacionamentos insatisfatórios, é então que você dá o máximo de si, é você mesmo e se diverte mais do que nunca.

Agora eu amava minha vida e desenvolvi uma personalidade semelhante à do primeiro estágio de grande poder em minha antiga cidade de residência, Lugo, sem ressentimentos e sem besteiras, eu simplesmente me dedicava a me divertir.

Há três cidades: Lugo, onde morei até 93, Santiago, de 93 até agora, e Benicasim, meu resort de verão, onde estive de 80 a 97.

Foi uma época ótima, estou falando do ano 2000 em diante, em Santiago, em que, embora eu tenha tido pequenos relacionamentos, saí rapidamente, porque não acreditava mais no amor. Eu simplesmente estava com algumas garotas de quem gostava um pouco mais e passava mais tempo com elas, mas sabia que, mais cedo ou mais tarde, elas me dariam problemas e me deixariam, ou eu as sacrificaria.

Sempre há um pequeno tropeço porque você não é imune aos encantos delas, mas o dano que eu sofri foi mínimo. Eu estava vivendo pelo e para o mercado, frio e duro por dentro e desavergonhado e encantador por fora.

Como resultado de tudo isso, surgiu uma namoradinha que eu tive por um tempo. Essa namorada, apesar de ser fisicamente uma das melhores, eu não a valorizava muito, nem me importava muito com ela. Então, como eu estava com a cabeça com tudo funcionando a 100%, ela não deu nenhum problema e fez uma performance sexual portentosa, a ponto de poder dizer que já era um relacionamento totalmente pornográfico, pois ela era muito dedicada e, ou era, ou parecia uma ninfomaníaca, e que performance ela fez!

O que aprendemos aqui?

- Que, quando deixamos de lado os ressentimentos e os relacionamentos insatisfatórios, desenvolvemos todo o nosso poder e seduzimos com alegria e felicidade.

- Como resultado de todo esse poder, surgem garotas incríveis que se entregam a você de corpo e alma (especialmente de corpo), e você atinge níveis muito altos de vício sexual, que descreverei no próximo capítulo.

Desfrutando de uma ninfomaníaca.

O que restou do mocinho inicial? Bem, nada mais. Essa personalidade original foi deixada para momentos ocasionais com garotas excepcionalmente boas. Agora eu sabia como medir, sabia quando recompensar e quando punir sem exagerar, e encontrei o equilíbrio entre o bem e o mal.

No caminho do mestre, nem tudo é sofrimento, há muito prazer, e agora, neste momento, eu me tornaria um mestre sexual ao transar com a mulher mais louca e gostosa que já conheci, uma mulher que realmente não tinha limites.

Para ser breve, vou relatar os fatos mais importantes e mais acalorados.

Dei a essa namorada, que durou cerca de oito meses, o apelido de "Chochita" por causa de sua linda buceta rosa.

No primeiro dia em que dormi com ela em sua casa, transei enquanto seu pai batia na porta porque sabia que ela estava lá com alguém e, enquanto seu pai batia, transei com sua filha alegremente, sem me importar mais com nada. Eu estava completamente desinibido.

Desfrutei com frequência de sua luxuosa villa com piscina, gostei de suas refeições e das excursões que fizemos.

Uma vez, quando seus pais estavam saindo de carro, eles estavam saindo da garagem e ela se inclinou para fora da janela para vê-los sair. Abaixei seu biquíni e, enquanto ela estava lá para vê-los sair, coloquei meu pênis nela e comecei a fodê-la enquanto ela conversava com seus pais. Eles não podiam me ver porque eu estava mais atrás quando ela colocou a bunda para trás, e foi assim que ela se despediu.

Em dez minutos, todos os dias que a via, eu a estava transando, muitas vezes a pedido dela. Eu sempre transava uma, duas ou três vezes, geralmente duas, mas quando estava com ela o dia todo, três vezes, e eu a via praticamente todos os dias. Transei mais com ela em oito meses do que com outras pessoas em anos.

Eu nem sabia mais o que fazer com ela, eu a tinha fodido na bunda, tinha gozado em seu rosto e depois ela tinha saído para passear com o esperma na rua. Enfiei o dedão do pé em sua buceta, bati punhetas, boquetes, fodi seus peitos e a fodi no carro do pai dela. Eu gozei em seu rosto com meus óculos escuros e depois tomei banho de sol assim. Em uma noite, eu a fodi seis vezes. Completo. Ela nunca disse não a nenhuma proposta.

O resultado de tudo isso foi que eu estabeleci como regra que, toda vez que eu entrasse no carro, ela teria de chupar meu pau até eu gozar, e foi assim que fizemos durante os oito meses de nosso relacionamento. Eu estava muito feliz por viajar sendo chupado por essa linda loira de olhos verdes.

E, apesar de ter feito todas essas coisas, não senti nenhuma conexão amorosa com ela e, por fim, fiquei entediado com toda essa transa e a deixei.

Ela se achava a garota mais bonita e atraente da cidade, mas acabou sendo abandonada e, além disso, ficou magoada por ter me perdido. Eu a deixei por alguém ainda mais bonita, menos louca, mais doce e mais atraente.

O que aprendemos aqui?

- O fato de saber tudo sobre sexo com toda a prática que você faz o torna mais poderoso e lhe dá mais confiança.
- De tanto prazer, você acaba ficando viciado em sexo, o que o motiva ainda mais a continuar com o vício.

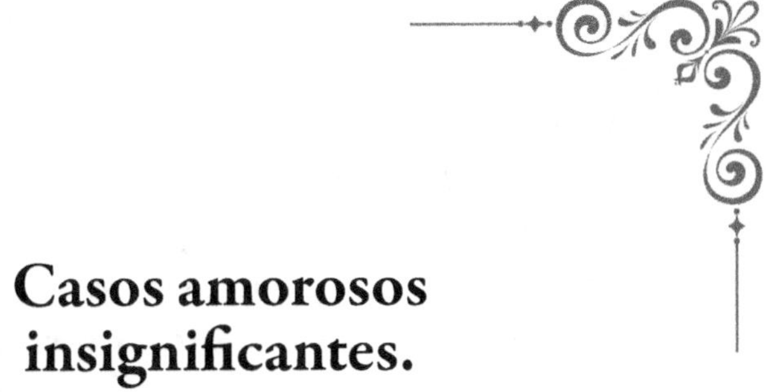

Casos amorosos insignificantes.

Acho que aos 31 anos de idade atingi um pico de poder que, desde então, até os 43 anos, foi muito poderoso.

Larguei a namorada ninfomaníaca e peguei uma mais bonita, da qual gostei muito mais, e por algum tempo me senti enfraquecido novamente e caí nas garras do amor, mas isso só durou um mês e meio ou dois. Logo vi seus muitos defeitos, suas bobagens, suas besteiras e comecei a pensar que ela era uma criança, como realmente acabou sendo. E depois de desfrutar dessa linda garota, eu estava liberado. Tive um pouco de dificuldade no final, mas nada que eu não superasse em dois ou três dias.

Em seguida, encontrei outra que me convidou para uma cidade distante na Espanha e pagou minha passagem de avião. E era assim que eu vivia, saindo com namoradas de curto prazo que me convidavam e me levavam para passear. Também tinha outras que transavam comigo por fora, iam a piscinas particulares, vinham me buscar em BMWs, e era como se eu fosse o prêmio e elas competiam para ficar comigo. Eu também tinha uma mulher muito peituda, que fazia um boquete incrível e eu lhe dava esse papel.

De qualquer forma, não quero ficar aqui contando todas as minhas histórias, havia muito mais coisas para contar, vou apenas dizer o que acho que pode ajudá-lo a se tornar um mestre, então, em vez de me gabar e entrar em detalhes, vou contar o ensinamento deste capítulo.

Aqui aprendemos que

- Mesmo que você saia com alguém e realmente se ache formal, não conseguirá ser formal, mesmo que queira, porque já está tão viciado em transar com todos que é impossível ser fiel a qualquer unha delas.
- Também aprendemos que, depois de tanta prática, você se torna duro, não dá a mínima se perde as namoradas, se ficam com raiva ou o que quer que seja. Chega um momento em que você quase não sofre, você os vê como tolos e caprichosos e não tem nenhum desejo de agradá-los.

E assim, valorizando-as na medida certa, puxando-as muito para baixo e, às vezes, pontuando-as acima de zero, sabendo que é praticamente a mesma coisa perdê-las porque há muitas mais, e até melhores, e que você as consegue fácil e rapidamente, você chega ao topo. Você começa a transar com as garotas no primeiro dia e aqui você atinge quase o nível máximo.

Vou lhe contar um pouco mais sobre o que resta, mas isso é praticamente tudo o que você precisa.

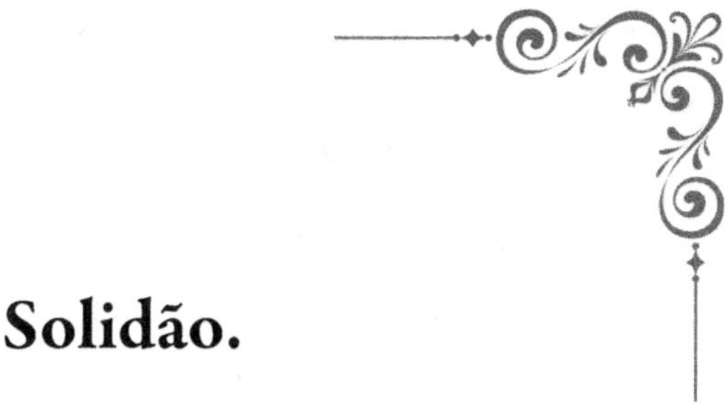

Solidão.

Chega um momento no caminho do mestre em que você não consegue mais suportá-los, não está mais disposto a ter qualquer relacionamento ou a aturar suas bobagens, caprichos e besteiras. Nesse momento, você prefere a solidão e é quando se diverte mais e é o melhor que você é.

Quando você está sozinho, nunca lhe faltam mulheres, porque você tem todo o tempo do mundo para flertar e flertar sem entrar em um relacionamento. Você flerta e deixa claro que não quer nada sério com elas. Isso é o que as torna mais leais a você, de modo que todas querem sair com você e atender às suas exigências. Elas tentam fazer com que você as foda como se fossem leoas, mas não conseguem, e uma após a outra são conquistadas, obrigadas a prestar pouca atenção e, por fim, ou vão embora por conta própria ou você as abandona, porque não quer aturar nada.

Assim, existe a produção em massa, a produção industrial, que é o que o diferencia de todas as outras pessoas que desperdiçam seu tempo em relacionamentos absurdos, que só lhes trazem dor e insatisfação.

Quando o matador veio aqui em meu auge, ele levou uma surra tão grande que até ficou envergonhado e disse que nunca tinha visto maior poder e domínio em sua vida do que eu em Santiago.

Em sua solidão, você também não terá muitos amigos, porque eles serão invejosos, ou não o acompanharão, ou não o entenderão, e você não terá tempo porque estará sempre indo de mulher em mulher. Portanto, aproveite essa solidão, que, no final das contas, não é solidão, porque você está mais acompanhado do que nunca.

O que aprendemos aqui?

- Quando você chegar à convicção de que está melhor sozinho do que com qualquer namorada, você atingiu um ponto muito alto no caminho do mestre e isso será super recompensado pelo mercado.
- Nada atrai mais uma mulher do que um homem ao qual ela não consegue se apegar.
- É difícil chegar a esse estado de solidão e foda, porque você já sofreu em relacionamentos anteriores, e o cansaço e a fadiga disso fazem com que você se torne mais frio e duro do que nunca, e ao mesmo tempo mais irresistível.
- Quando você chega ao topo, todos lhe prestam homenagem e, se não o fizerem, você não se importa.

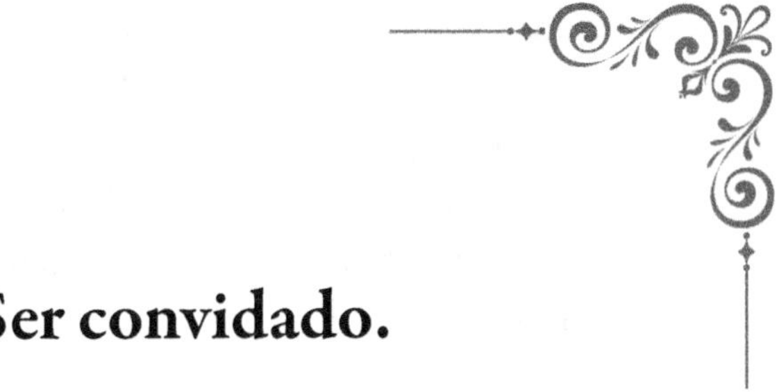

Ser convidado.

Assim, independente, descolado, despreocupado e atraente, você atrai muitas garotas que fazem ofertas por seus serviços. Algumas oferecem sexo facilmente, outras oferecem sexo também, mas acham que isso não é suficiente e também oferecem dinheiro. Essas garotas ricas tentarão comprar você convidando-o para tudo, levando-o em viagens e pagando tudo sozinhas, sendo muito amigáveis e sempre disponíveis para você sem protestos.

Se atingir níveis muito altos, você não apenas se aproveitará delas, mas chegará a um ponto em que as desprezará, dirá a elas que não comprarão de você e que os convites delas não valem a pena.

Você as deixará abandonadas, fará com que elas passem por maus bocados e elas continuarão a olhar para você, algumas delas pelo resto da vida ou, pelo menos, por mais de 20 anos, até que um dia elas finalmente se cansem de esperar serem correspondidas e saiam com algum idiota, e finalmente o deixem em paz, e você poderá se livrar delas e do assédio delas.

Essas garotas são obcecadas por você e estão dispostas a deixar você pegar todas as amigas delas, ter namoradas, ignorá-las e estão sempre ao seu lado.

O que aprendemos com isso?

- Quando você se torna frio, duro e independente, alguns delas enlouquecem e se apaixonam incondicionalmente. Esse estado pode durar muitos anos, e mais do que amantes ocasionais, porque você nem as quer para isso, elas parecem suas admiradoras. Se você não as valorizar nem um pouco, como geralmente acontece, elas o admirarão e não o deixarão mesmo que você transe com as amigas delas, não importa o que você faça com elas. Aqui você terá alcançado níveis monstruosos de domínio.

Ditadura.

Quando você alcança a ditadura, já atingiu o nível máximo razoável, mas ainda pode chegar a um nível mais alto fazendo coisas realmente loucas. Ditadura é saber que você é o homem mais gostoso da cidade e achar que não há ninguém melhor do que você, pelo menos entre aqueles que você conhece. Você vive uma verdadeira vida de ator pornô, transando com muita frequência e colocando sua vida em risco, por causa de tanta agitação e desgaste físico.

Ditadura é dominar com mão de ferro não apenas seus relacionamentos, mas sua cidade. Todos os dias que você sai, sabe que elas estão lá fora querendo conhecê-lo, inúmeras garotas atraentes, que logo se tornam parte do processo produtivo, entrando e saindo de nossas vidas, sem afetar nossa resistência ou nos causar qualquer dor.

A ditadura é ser um mestre da paquera, que dificilmente se alegra com suas vitórias, isso não é verdade, você sempre se alegra um pouco, mas se alegra menos, com tantas garotas que você paquera, tanto domínio, tanto sucesso. Chega um momento em que podemos dizer que, apesar dos problemas que algumas delas causam, eles são muito pequenos em comparação com os das namoradas. Você está vivendo em um paraíso na terra do qual nunca deve sair.

O que aprendemos aqui?

- Que no final da estrada do mestre está o paraíso e que esse paraíso pode durar enquanto você mantiver suas capacidades ao máximo em mentalidade. Se você conseguir isso, somente a fisicalidade, à medida que diminuir, o afastará gradualmente do papel de ditador.

- A ditadura é chegar ao topo e realizar feitos lendários. Quando todos o conhecem e você tem a reputação de ser um paquerador, muitos são atraídos justamente por causa dessa reputação.
- A ditadura é não poder atender a tantos que você tem e realmente duvidar se está indo bem ou se deve relaxar para não morrer de tanto transar.

Vício em sexo.

É isso mesmo, no final da jornada de mestrado, você se torna um viciado em sexo e precisa ter sua dose, praticamente todos os dias, ou fica nervoso e ansioso.

Se você tiver muitas garotas para transar ao mesmo tempo e sem compromisso com nenhuma delas, então você transará como nunca e ficará totalmente viciado. Isso não é bom, é muito bom, aqui você atinge seu esplendor máximo e, depois disso, terá de diminuir um pouco suas exigências, porque isso já é excessivo e você pode realmente morrer. Além disso, é muito estressante para muitas mulheres, por isso, depois de um tempo dando o melhor de si e vendo a morte de perto, você acaba ficando com medo e, no final, perde o controle e parte para outras coisas mais divertidas e loucas, mas menos cansativas.

Aprendemos tudo isso aqui.

- Aprendemos que esse período de máxima foda só pode durar alguns anos e, depois, é preciso descansar, ou algo muito sério pode acontecer com você.
- A maioria deles não aguenta o desgaste e relaxa depois de fazer outras atividades menos extenuantes e, como não há mais nada a fazer depois disso, você fecha o círculo e volta a ser um bad boy, mas com uma aparência meio boa.

Sadomaso.

Se você tiver muitas garotas para transar, acabará fazendo isso de forma bruta, porque elas mesmas pedirão para você fazer isso, dirão para você transar com elas com força, ou você verá que isso as excita e então fará isso. Você fica fora de si de tanto foder e fica meio louco e fode como um ator pornô em fúria. Outras, ainda mais perversas, dizem para você bater nelas enquanto as fode, ou para falar palavrões com elas.

Em resumo, você acabará se tornando um mestre em sadomasoquismo mais cedo ou mais tarde. Depois disso, quase nada o excitará, pois é muito mais selvagem do que o sexo normal.

Você se torna completamente invejado e sua produção cai, porque você não precisa mais transar com as garotas normalmente, mas elas se tornarão suas escravas, as que lhe darão mais satisfação e aquelas a quem você dará mais preferência..

Você até conhece garotas como essas que acabam se tornando suas namoradas e desfrutam do sadomaso. Essas garotas são vistas como melhores e especiais e isso as enfraquece ainda mais, mas, apesar de toda a sua perversão, essas garotas bonitas e perversas são mais namoradas do que escravas de sado maso, e isso as torna insuportáveis, muito pesadas, exigentes e gostam muito de criticar e reprovar. Você acaba se cansando delas e, mesmo com todo o sexo sadomaso que elas praticam com você, isso não compensa. Você acaba deixando-os, porque sua dureza é superior à fraqueza que eles instilam em você e às artes amorosas deles. Você é frio, duro e impiedoso, você os deixa e continua no caminho do mestre.

O que aprendemos aqui?

- Que a transa no estilo sadomaso o satisfaz muito mais.

- Que isso diminui sua produção.

- Que mesmo essas garotas submissas acabam sendo exigentes e insuportáveis.

- Que não importa o que elas façam, elas não vão transar com você, você as elimina sem piedade.

Picos de potência.

Os picos de meu poder aconteceram em 92, 93, 99, 2000, 2001, 2002, 2003, 2005, 2006, 2007, 2009, 2010, 2011, depois uma queda brusca e só em 2018 e principalmente 2019 eu voltaria a me destacar. Isso acontece em ondas e, nesses anos de picos de poder, houve números duplos, triplos e até quádruplos do que em outros anos mais fracos.

O que aprendemos com tudo isso?

- Aprendemos que nos anos bons, quando a onda chega, quando você está com força total, você faz muito mais do que nos anos normais, e esses anos equilibram os anos ruins e tornam tudo muito positivo.

Os anos bons acontecem quanto mais dedicação você coloca neles, é simples assim, grande parte do sucesso é a dedicação. Quem se dedica, se já tem a sabedoria, faz os registros.

Relaxante.

Eventualmente, você acaba ficando um pouco cansado, não de tanto transar, não de tanto sair, não de tanta festa e de tantas mulheres; o que acontece é que física e mentalmente você está exausto, às vezes é muito estressante. Se você encontrar uma mulher gostosa, boa de sexo e que o mime com suas aventuras e conquistas, uma mulher que se faça de desentendida com seus constantes namoros, então você diminui o ritmo, se acalma um pouco e descansa.

Não estou dizendo que você será formal, mas você se apega a ela, pelo menos, e lhe dá muita importância. Ela acha que tem um namorado e você se dedica muito menos à sedução, mas continua a se dedicar e é muito feliz, porque tem uma boa garota e também seduz.

O que começa como uma pausa temporária geralmente se transforma em algo permanente e o sedutor desaparece gradualmente. É por isso que você não pode ficar muito confortável ou o jogo acabará. Você sempre tem que fazer isso temporariamente e com tempo suficiente para se recuperar. É assim que terminam as carreiras dos sedutores que não conseguiram parar com isso.

O que aprendemos aqui?

- Que você precisa descansar de vez em quando, mas tome cuidado para não relaxar demais, pois o descanso temporário acabará sendo seu túmulo como sedutor se durar muito tempo.
- Isso se você puder evitar melhor.

As ondas.

Na sedução e, em geral, em tudo na vida, há momentos em que tudo corre bem, como se uma onda de mulheres receptivas viesse até você, e depois que ela passa, há um período muito vazio, no qual, embora você se esforce ainda mais do que durante a onda, obtém muito menos. Você precisa estar atento e surfar todas essas ondas que chegam até você.

Se a onda vier, haverá momentos de alta produção de picos e você dará preferência à sedução; se houver momentos de escassez, você dará preferência a essa garota que o relaxa e acalma. Uma garota é normal, mas também podem ser várias.

Recomendo ter a tríade, pelo menos 3 meninas.

Quando você chega à terceira idade, geralmente dedica uma pequena porcentagem do seu tempo à sedução, porque o mercado também está em declínio. Então, nesse momento, você não está aposentado, mas semi-aposentado, esperando por boas ofertas. E é assim que a vida do sedutor pode terminar, cada vez surfando ondas cada vez menores e se aposentando gradualmente.

Assim que a onda chega, você raramente, ou nunca, resiste a ela e abre mão de sua tranquilidade e, mesmo que ela seja grande, você termina com essas mulheres que o tranquilizam e volta à sedução intensiva.

Há várias semi-retiradas e viradas. É como as ondas que vêm e vão, portanto, aproveite as ondas que passam e aproveite o tempo voluntariamente em baixa atividade, o fim de seus dias está chegando.

Como você é um campeão, acontece que, em uma idade muito avançada, as mulheres continuam a circular em sua vida, como não poderia deixar de ser.

O que aprendemos aqui?

- Mesmo que sua produção caia, mesmo que você esteja semi-aposentado, mesmo que se dedique menos porque não tem mais o mesmo desempenho de antes, você nunca se aposenta completamente e está sempre ansioso para seduzir, sempre vive para a sedução, da qual nunca desiste ao longo da vida.

Ser imortal.

Depois de décadas se divertindo como um bastardo, vangloriando-se de tudo o que desfrutou, você conta às pessoas sobre isso. Você faz isso para que eles possam ter acesso ao seu conhecimento, também por pura arrogância e orgulho, e também para que pelo menos se saiba que você existiu e que teve uma vida diferente da das pessoas normais.

Há muitas pessoas que fazem isso, mas algumas, como eu, o fizeram em níveis insalubres. Estou muito feliz por ser viciado em mulheres, sexo, aventura e emoção.

Por meio de meus livros, esse conhecimento permanecerá e as pessoas saberão qual era minha visão de tudo isso. Isso lhe dá fama, reconhecimento e o torna imortal, então, afinal de contas, mesmo que eu me vanglorie de todos os meus erros, acho que isso me dá prestígio.

Acredito que estou ajudando muitos homens a sair de uma vida miserável, uma vida baseada em prestar obediência a mulheres que nunca se correspondem com eles em pé de igualdade, mas o fazem de uma posição de superioridade em relação a eles, a quem tratam como seus subordinados arrogantes. É para todos esses homens, que se tornarão homens de verdade novamente por meio desses ensinamentos, que estou motivado a escrever tudo isso que estou escrevendo.

O que aprendemos aqui?

- Que, no final, você gosta de ser você mesmo, se vangloria de suas conquistas, se sente o mestre e tem muito orgulho do que fez.

O significado de tudo.

O significado de tudo é cumprir a função divina que lhe foi atribuída no nascimento, porque isso é algo que você sente no fundo, você sabe que nasceu para se divertir, festejar e ter mulheres.

O significado de tudo é cumprir a missão designada a você, Deus quer isso e está satisfeito com isso.

Jesus na manjedoura.

Um dia, ouvi uma canção de Natal que me fez rir. Fiquei impressionado com um verso que dizia.

-E Jesus, na manjedoura, ri, porque está alegre.

Vou terminar: Jesus na manjedoura é uma criança que ri porque é alegre. Assim deve ser você, qualquer que seja o nível em que esteja e qualquer que seja a sua conquista, você deve rir porque nada importa, pois você está praticando e se dedicando, está no caminho do mestre.

Quando você olha para toda a sua vida em perspectiva, não consegue distinguir os bons dos maus momentos, porque tudo parece bom para você. Agora acho que os tempos sombrios com resultados horríveis e enorme sofrimento foram tão satisfatórios quanto os bons tempos.

Ambos os momentos foram bons, o que acontece é que, quando estamos nos momentos ruins, não percebemos que é disso que precisamos para chegar aos bons momentos.

No final, você se lembra seletivamente apenas dos bons momentos e esquece os ruins. Agora acho que foram os momentos ruins que me tornaram poderoso, pois os bons momentos foram a materialização do que planejei em meus momentos ruins, quando aprimorei minhas habilidades, me determinei, me disciplinei e mudei o que era necessário.

Embora seja verdade que os momentos de transar como um louco sejam mais agradáveis, uma coisa é consequência da outra e tudo está bem.

Aconteça o que acontecer, você precisa ser como Jesus na manjedoura, uma criança que ri porque está alegre. Assim mesmo, alegre só porque sim. Se você for assim, desfrutará de tudo o que lhe acontecer. Mesmo que não se torne um mestre da sedução, se conseguir ser como Jesus na manjedoura, que ri porque está alegre, você desfrutará de tudo.

O que aprendemos aqui

- É preciso rir, mas trabalhando no caminho para se tornar um mestre, rir dos momentos ruins porque eles não são tão ruins assim, porque você já está no caminho para mudar o que está acontecendo com você.
- Quem ri por rir é uma pessoa muito feliz, e isso é bom e eu acho maravilhoso, mas se você não estiver no caminho para melhorar a si mesmo, esse riso logo se transformará em lágrimas.

Agradar ainda mais a si mesmo.

E assim termino este livro, agradando a mim mesmo mais uma vez, vangloriando-me de meus malfeitos, sentindo-me orgulhoso de todos os meus massacres e avisando que isso ainda não acabou e que pretendo continuar até o dia de minha morte. E se eu pudesse pedir, em minha próxima reencarnação eu pediria novamente para ser um sedutor, como acredito que fazia antes de nascer, pois esta é a melhor vida que existe, muito superior a todas as outras.

Resumo final.

O caminho do mestre começa na infância ou na adolescência e termina um pouco antes da morte. As garotas mudam, a idade muda, mas o espírito permanece inalterado; e assim, ao longo das décadas, durante toda a sua vida, você seduz as mulheres pela mera satisfação de seduzi-las.

Se você seguir o caminho do mestre, aprenderá as técnicas de sedução sobre as quais não falei aqui, mas é para isso que servem meus livros "Master in seduction" e "JD Absolute seduction". Com eles e com sua prática incessante, você deixará de ser um homem que sofre para se tornar um homem independente, feliz e durão.

Qualquer pessoa pode chegar ao final do caminho do mestre se colocar sua determinação nisso. Essa é sua grande arma, a dedicação, a determinação de perseverar, de se levantar, de continuar, muito acima de qualquer físico ou habilidade.

A estrada tem solavancos, curvas e perigos, mas os maiores perigos sempre vêm do amor, e são as mesmas garotas que você conquista que também o impedem.

Você deve isso ao próximo, deve pensar naquela pessoa que está sozinha, triste e entediada, aquela que você ainda não conhece, mas que precisa de você. Pense nessa mulher e saia para procurá-la. Essa mulher não é feliz, ela sofre. Você deve remediar isso e fazê-la feliz.

Dedique-se à sua produção para continuar transformando mulheres tristes, sexualmente apáticas e entediadas em mulheres gostosas, alegres, felizes e divertidas.

Você faz o bem, também faz o mal, mas isso resulta em um bem maior, você serve à sociedade, serve à vida e isso é bom, justo e necessário.

A sedução sombria é uma arma secreta, algo oculto que ninguém conhece e que você conhece e usa muito raramente. É um conhecimento que você aprendeu ao trilhar o caminho do mestre, mas que deve permanecer em segredo, aguardando caso seja necessário.

O caminho do professor é um caminho da dor para a alegria. Da escuridão para a luz.

Para ser bem-sucedido, não é preciso chegar ao fim, vá até onde quiser, pois todos têm suas próprias metas e talvez nem todos queiram ir até o fim. Se você alcançar o que prometeu alcançar, mesmo que não seja o fim, você também terá sido bem-sucedido. Eu não entenderei, mas você entenderá. ha ha.

Os companheiros de equipe vêm e vão, os rivais caem, o tempo passa. 40 anos depois de ter começado, quem permanece é você, que ainda está no jogo em busca de novos feitos para aumentar ainda mais sua lenda.

Sim, somos doentes, sim, somos imaturos, infantis, blá, blá, blá, blá, o que você quiser, mas como é bom ser assim!

E assim, de louco para louco, eu lhes digo, sei que haverá muitos que seguirão meu legado e que, inspirados por ele, o superarão em muito.

O caminho do mestre é deixar de se sentir temeroso, nervoso, frustrado e triste e passar a se sentir poderoso, dominante, feliz e orgulhoso por tudo o que foi alcançado.

E assim, o garoto que imaginava ser o herói delas acabou se tornando o herói delas.

Se as meninas não se lembrarem mais de você por causa do longo tempo que passou, isso não importa, o que importa é que aconteceu, que você estava lá, que fez suas maravilhas. Isso permanecerá para sempre não apenas em sua cabeça, mas também no espírito dos livros e, se alguém os ler com atenção, poderá sentir todas as sensações de que lhe falei. Alguém poderá se tornar um Mestre.

Fazemos muito bem às meninas, fazemos com que elas se divirtam muito conosco. O jeito do professor é espalhar alegria, um pouco de amor e muita diversão.

O caminho do mestre é deixar a suavidade para trás e praticar a dureza, mas também é deixar a dureza excessiva para trás, pois essa dureza é, na verdade, fraqueza e é prejudicial para nós.

Parabenizo-me também por essas pessoas do futuro que continuarão essa vida maravilhosa, justa e pura, a melhor vida do mundo, a vida do sedutor desavergonhado e encantador.

Um dia, cada vez mais distante, a jornada do mestre terminará na imaginação de um velho que revive suas aventuras e fantasia sobre novas aventuras que nunca chegarão.

Você pode ser o próximo professor!

Vamos jogar!
Vamos voar!
Vamos ter sucesso!

Did you love *O camiño do mestre*? Then you should read *Como materializar o que você quer com o Fxxxxxx Power*[1] by John Danen!

[2]

Há um poder infinito em você para materializar o que você mais deseja. A sedução cumpre a lei da atração e surge este livro, um livro que explica passo a passo como ativar e manifestar este poder, o fxxxxxx power.

---

1. https://books2read.com/u/bopKMV

2. https://books2read.com/u/bopKMV

Also by John Danen

Seduction 5.0
S.A.X.
Chicas complicadas
Seducción 5.0
El libro del tonto
Macho Alpha
Macho alpha extracto
La seducción después de la pandemia
Terriblemente atractivo
Seducción 5.1
Sedução 5.1
How to be Cool and Attractive
Sedução. Avançada. X.
Garotas complicadas
¡Basta de ser buen chico! Sé un chico malo.
El método JD. El método de seducción de John Danen
El arte de agradarte a ti mismo
¡Basta ya de abusos! ¡Defiéndete!
Enought with the abuse! Defend yourself!
Máster en seducción
Las mujeres. El amor. Y el sexo.
Supera la dependencia emocional
Atrae mujeres con masculinidad
JD Absoluta seducción
El fracaso del amor

Entender a las mujeres
La vida del seductor sinvergüenza y encantador.
El arte de la dureza
Terrivelmente atraente
Deixe de ser um bom da fita! Seja um mauzão.
Superar a dependência emocional
A arte de se agradar
Pare o abuso! Defenda-se!
O fracasso do amor.
O método JD
Don´t Be a Good Boy! Be a Badass
Complicated girls
The Art of Pleasing Yourself
Duro y Sinvergüenza
Mestre en sedução
JD Method
The Failure of Love. The Trap of Serious Relationships
Master in Seduction
A. S. X. Advanced. Seduction. X
Women. Love. Sex
How to Become a Real Man. Be an Alpha Male
Attract Women with Masculinity
JD Absolut Seductión
Understanding Women
The Life of the Shameless and Charming Seducer.
The Art of Toughness
Tough and Shameless
Überwindung der Emotionalen Abhängigkeit
Maître en séduction
Schrecklich Attraktiv
Surmonter la Dépendance Émotionnelle
L'art de la dureté
Die Kunst der Zähigkeit

Hör auf, ein guter Junge zu sein, sei ein böser Junge

Assez D'être un Bon Garçon ! Sois un Mauvais Garçon.

Die Kunst, sich Selbst zu Gefallen

Dur et sans Vergogne

Hart im Nehmen und Schamlos

L'art de se Plaire à soi-Même

Das Scheitern der Liebe

L'échec de L'amour.

Meister der Verführung

Die JD-Methode

Maestro di Seduzione

Terriblement Attrayant

La Méthode JD

Capire le donne

Compreendendo as Mulheres

Comprendre les Femmes

Die Frauen Verstehen

Les Filles Compliquées

Komplizierte Mädchen

JD Séduction Absolue

La Vie du Séducteur Charmant et sans Vergogne

Les Femmes. L'amour. Et le Sexe.

Mâle Alpha

S.A.X.

V.F.X.

Donne. Amore. E il sesso.

Ragazze Complicate

Superare la Dipendenza Emotiva

Seduzione. Avanzata. X.

Dark Seducción

Il Fallimento Dell'amore.

Il Metodo JD

Alphamännchen

Atrair Mulheres com Masculinidade
Attirare le donne con la Mascolinità
Attirer les Femmes par la Masculinité
Mit Männlichkeit Frauen Anziehen
Frauen. Liebe. Und Sex.
L'arte di Piacere a se Stessi
Mulheres. Amor. E Sexo.
JD Seduzione Assoluta
JD Absolute Verführung
JD Sedução Absoluta
Das Leben des charmanten, schamlosen Verführers
Smettila di Fare il Bravo Ragazzo! Essere un Cattivo Ragazzo.
La Vita del Seduttore Affascinante e Spudorato
A Vida do Sedutor Encantador e sem Vergonha
Macho Alfa
Uomo Alfa
Séduction 5.0
Verführung 5.0
Seduzione 5.0
Duro e Senza Vergogna
Duro e Sem Vergonha
L'arte della Durezza
A Arte da Dureza
The Fool's Book
Das Buch der Dummköpfe
Il Libro dei Pazzi
O Livro do Tolo
Dark Seduction
Dunkle Verführung
Sedução Escura
Dark Seduction
Seduzione Oscura
Le livre du fou

Como materializar lo que deseas con el fxxxxx power
Como materializar o que você quer com o Fxxxxx Power
El ángel Sex-terminador
El seductor vampiro
O Vampiro Sedutor
Sex-Terminating Angel
The Vampire Seducer
How to Materialize What You Want With The Fxxxxx Power
El camino del maestro
Il vampiro seduttore
O camiño do mestre
La via del maestro
Der verführerische Vampir
Le sedusant vampire
Der Weg des Meisters
La voie du maître de la séduction
The Way of the Master
Come materializzare ciò che si desidera con il Fxxxxx Power
Wie Sie Ihre Wünsche verwirklichen können mit dem Fxxxxx Power
El método EDP
O método EDP
The EDP method

About the Author

Español.

Soy un hombre vividor y divertido que busca el lado bueno de las cosas siempre.

Mi experiencia es el campo de las relaciones personales y de la seducción. Por eso tras dedicarme larguísimas décadas a ello, quiero trasmitir mis conocimientos. Para que las nuevas generaciones tengan unos conceptos que les den una ventaja competitiva sostenible y poderosa en el campo del amor.

Quiero ayudarte a a conseguir tus metas.

Portugués.

Sou um homem animado, e divertido, que sempre procura o lado bom das coisas.

Minha experiência está no campo das relações pessoais e da sedução. É por isso que, após décadas de dedicação a ela, quero transmitir meus conhecimentos.

Quero ajudá-los a alcançar seus objetivos.

Inglés

I am a lively and fun man, who always looks for the good side of things.

My experience is in the field of personal relationships and seduction. That is why, after decades of dedicating myself to it, I want to pass on my knowledge. So that the new generations have concepts that give them a sustainable and powerful competitive advantage in the field of love.

I want to help you achieve your goals

Français Je suis un homme vif et drôle qui cherche toujours le bon côté des choses.

Mon expérience se situe dans le domaine des relations personnelles et de la séduction. C'est pourquoi, après m'y être consacré pendant des décennies, je veux transmettre mes connaissances. Pour que les nouvelles générations disposent de concepts qui leur donnent un avantage concurrentiel durable et puissant dans le domaine de l'amour.

Je veux vous aider à atteindre vos objectifs.